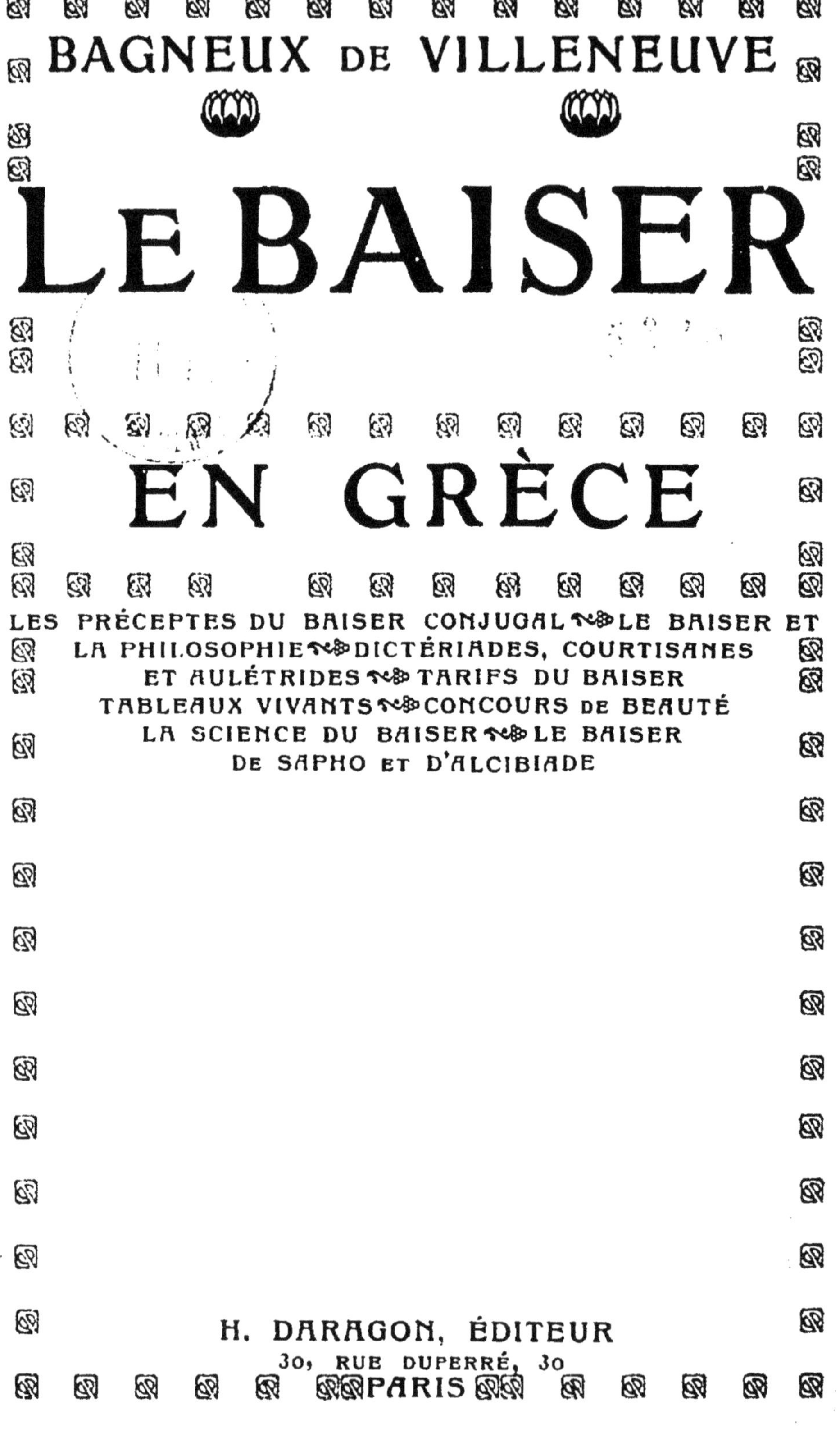

BAGNEUX DE VILLENEUVE

LE BAISER

EN GRÈCE

LES PRÉCEPTES DU BAISER CONJUGAL — LE BAISER ET LA PHILOSOPHIE — DICTÉRIADES, COURTISANES ET AULÉTRIDES — TARIFS DU BAISER — TABLEAUX VIVANTS — CONCOURS DE BEAUTÉ — LA SCIENCE DU BAISER — LE BAISER DE SAPHO ET D'ALCIBIADE

H. DARAGON, ÉDITEUR
30, RUE DUPERRÉ, 30
PARIS

LE BAISER EN GRÈCE

Il a été tiré de ce livre sept cent soixante-sept exemplaires numérotés

2 ex. sur Japon rouge (A et B). *Réservés.*
15 ex. sur Japon blanc (1 à 15). *Souscrits.*
750 ex. sur Hollande (16 à 767).

N°

Les volumes de cette série ne seront jamais réimprimés

S'adresser pour traiter à la librairie H. Daragon,
30, Rue Duperré, Paris

LA NUIT DE NOCES DE DAPHNIS ET CHLOÉ

BAGNEUX DE VILLENEUVE

LE BAISER

EN GRÈCE

Le Baiser et la philosophie — Le Baiser conjugal — Les grandes Hétaïres — Le Baiser vénal — La Science du Baiser — Le Baiser dans les Arts — Le Baiser de Sapho et d'Alcibiade — Le Culte du Baiser

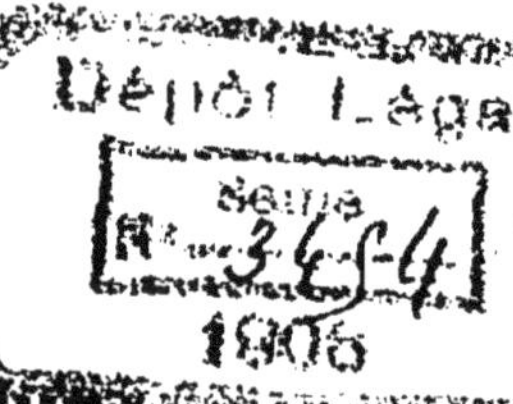

H. DARAGON, ÉDITEUR
30, RUE DUPERRÉ, 30
PARIS

Le Baiser conjugal

CHAPITRE PREMIER

Le Baiser conjugal

La femme instrument de reproduction. — Les andromanes de Sparte. — L'initiation de la femme au baiser. — Les préceptes du baiser conjugal. — Le gynécée : maquillage et intrigues galantes. — Contrat de concubinage. — L'empalement de l'adultère. — L'union incestueuse.

« Nous avons des courtisanes pour le plaisir, des concubines (des pallaques) pour avoir soin de nos personnes, et des épouses pour qu'elles nous donnent des enfants, pour qu'elles règlent fidèlement l'intérieur de nos maisons. » (1).

(1) *Plaidoyer contre Néera.*

Voilà qui est parler franc. L'orateur qui s'exprime en ces termes — et devant des magistrats — quel qu'il soit (on peut en effet contester que Démosthène ait vraiment prononcé le plaidoyer contre Nééra) sait bien qu'il ne risque pas de froisser le sentiment public, non plus que d'attenter à la morale légale : il constate, il enregistre le classement des femmes à Athènes, tel que les mœurs l'ont établi, tel que les mœurs le maintiennent.

Pour le baiser de volupté, la recherche du plaisir, la satisfaction de l'instinct lubrique même; pour l'art ou la science du baiser enfin, l'Athénien a l'hétaïre et la courtisane.

Pour les exigences quotidiennes, ou plus modestement périodiques, de ses sens, il garde à sa portée une pallaque, qui peut en quelque façon être associée à la vie familiale.

Enfin pour perpétuer sa race, veiller au foyer, élever les enfants, il choisit une jeune fille de

famille honorable et l'enferme au gynécée à l'abri de toute tentation.

Hors de toute prétention à la philosophie, il est bien permis de constater que cette organisation était manifestement profitable et commode au sexe fort, en prévoyant jusqu'à la satisfaction du vice, du moins de ce que nous avons ainsi dénommé; car les anciens ne regardaient pas du même œil que nous « les plaisirs de l'amour ». Chez eux les devoirs et les sentiments de famille étaient une chose, une chose grave, étroitement liée à la religion nationale; et c'en était une autre, tout aussi grave peut-être, que de satisfaire aux besoins de la chair. Les dieux auraient mauvaise grâce à les condamner, puisque eux-mêmes s'y livraient avec impétuosité, avec voracité. Il convenait seulement de maintenir le respect et l'intégrité du foyer familial, sauvegarde de l'ordre et de la grandeur du pays.

Au foyer il importe surtout de préserver

l'ignorance de la jeune fille. C'est pourquoi les vierges d'Athènes étaient presque condamnées à la clôture asiatique dans un appartement qui, leur étant réservé, prenait le nom de *Parthénon*.

Déjà dans les temps primitifs la jeune fille aurait été blâmée qui, sans l'aveu de son père et de sa mère, se serait mêlée aux hommes avant d'avoir célébré publiquement son union (1). Et la situation ne s'est guère modifiée avec le temps. L'éducation de la jeune fille, à Athènes, était faite dans le gynécée ; elle n'allait ni à la palestre, ni à l'école. Elle se mariait très jeune, et par conséquent très ignorante ; elle suivait un étranger, dès l'âge nubile, sans être consultée sur son choix, sans le connaître, sans l'avoir vu. Elle n'est élevée que pour l'hyménée. Les épigrammes funéraires de jeunes filles mortes prématurément expriment toujours le regret du lit nuptial (2).

(1) Homère, *Odyssée*, VIII.

(2) Anthologie grecque : *Epigrammes funéraires*, 487 sqq., 604, 649.

A Sparte, sous l'impulsion de Lycurgue, l'éducation des jeunes filles a un caractère tellement masculin que les Lacédémoniennes étaient généralement traitées, non sans mépris, d'*andromanes*. Le législateur voulut que les filles se fortifiassent en s'exerçant à la course, à la lutte, à lancer le disque et le javelot, afin que les enfants qu'elles concevraient prissent une plus forte constitution dans des corps robustes, et qu'elles-mêmes, endurcies par ces exercices, supportassent avec plus de courage et de facilité les douleurs de l'enfantement. Pour prévenir la mollesse d'une éducation sédentaire, il les accoutuma à paraître nues en public, comme les jeunes gens; à danser, à chanter à certaines solennités en présence de ceux-ci. Leur nudité, dit l'historien, n'avait rien de honteux, parce que la vertu leur servait de voile !

Il ajoute cependant que ces danses et ces exercices étaient une amorce pour le mariage :

car les jeunes filles, à se « donner ainsi des coups de pieds dans le derrière », comme dit plaisamment Lampito, gagnaient un teint vermeil, une vigueur à étrangler un taureau, des seins superbes que Lysistrata paraît éprouver une certaine joie à tâter (1).

La vertu est d'ailleurs préservée aussi sévèrement que la vie même : car l'attentat à la pudeur sur une jeune fille était puni de mort. Il paraît donc difficile d'admettre l'assertion du philosophe académique Agnon, rapportant que chez les Spartiates il était permis par les lois de jouir des jeunes filles avant leur mariage, comme des jeunes garçons.

Mais il ne faut pas davantage s'imaginer que le baiser virginal était exempt de tout désir charnel. Solon lui-même a loué dans ses vers « la beauté attrayante des cuisses et le miel d'un doux baiser ». Et c'est encore de « la beauté

(1) Plutarque, *Lycurgue*, ch. XXI, XXII ; Aristophane, *Lysistrata*.

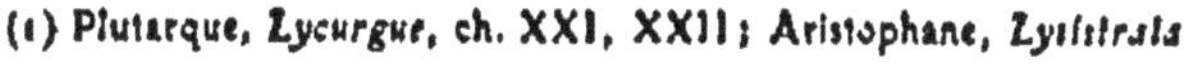

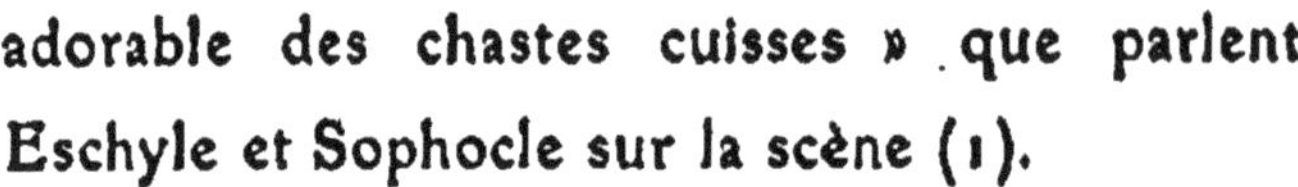

adorable des chastes cuisses » que parlent Eschyle et Sophocle sur la scène (1).

Ce fut chez les Athéniens que Cécrops établit le premier l'union individuelle d'un homme et d'une femme, car, avant lui, les femmes étaient en commun, et en usait qui voulait, au gré de sa passion; personne, par suite, ne connaissait son père, dans le nombre de ceux qui avaient donné le baiser d'amour à leur mère.

Mais s'il n'était permis d'épouser qu'une femme, on gardait la liberté d'avoir légalement des enfants d'une seconde, comme concubine, cette dernière n'étant pas citoyenne. Ce décret avait été motivé par la nécessité d'assurer aux femmes, malgré le petit nombre des hommes, la jouissance du baiser sexuel sous une forme avouable (2).

(1) Athénée, *Banquet des savants*, XIII, 8.
(2) Athénée, *Banquet*, XIII, 1.

Les lois anciennes consacraient, en matière matrimoniale, la souveraineté masculine. Les Grecs achetaient leurs femmes. Dans Homère, Agamemnon offre une de ses filles à Achille, en échange de ses services ; Othryonée demande à Priam sa fille Cassandre pour prix des secours qu'il lui apporte ; Boros obtient celle de Pellé, moyennant une forte somme ; enfin, Hector avait acheté Andromaque à son père Eetion (1).

L'union de l'homme et de la femme n'est d'ailleurs formée que pour la procréation d'enfants légitimes. Au jour du mariage, le père ou le tuteur de la fiancée prononçait la formule sacramentelle : « Je vous l'accorde afin que vous donniez des citoyens à la république. »

Aussi l'âge légal du mariage pour le mari est-il l'âge de la puberté, c'est-à-dire dix-huit ans. La femme, quoique impubère, peut être

(1) Homère, *Iliade*, IX, 145, 288 ; XVI, 178, 190, 471.

donnée par contrat, mais la consommation du mariage ne peut avoir lieu qu'après que la femme a atteint la majorité requise pour le mariage. Il ne semble pas cependant qu'un âge ait été fixé par la loi : d'après un plaidoyer de Démosthène, ce serait quinze ans, tandis que Xénophon semble dire qu'une jeune fille pouvait affronter le baiser conjugal à treize et même à douze ans (1).

Des sacrifices religieux précédaient la célébration du mariage, pour solliciter des dieux la fécondité de l'union des deux époux. La veille de la cérémonie avait lieu la *loutrophorie*, ou bain nuptial. En Troade, les fiancés se baignaient dans le Scamandre en prononçant rituellement : « Reçois, ô Scamandre, ma virginité. » Les Athéniens se servaient de l'eau de la fontaine Callirhoé, et le bain nuptial était apporté

(1) Xénophon. *Économiques*, VII, 5.

à la fiancée par un cortège de jeunes gens et de jeunes filles, en musique (1).

Au jour du mariage, le banquet réunissait parents et amis, qui se réjouissaient sans contrainte du grand acte. La mariée, entièrement couverte d'un voile, y assistait, placée au milieu des femmes : il lui était servi un gâteau de sésame, emblème de fécondité, parce que le sésame est, de toutes les graines, celle qui se reproduit le plus abondamment (2).

Après le repas, la mariée était conduite en char à la maison de l'époux, au son des chants d'hymen :

O Hymen ! ô Hyménée !
Vous aurez une jolie maison, pas de soucis,
et de bonnes figues. O Hymen ! ô Hyménée !
O Hymen ! ô Hyménée !
Le fiancé en a une grande et grosse ;
La fiancée en a une bien douce (3).

(1) Collignon-Couve *Catalogue des vases du Musée national d'Athènes*, n° 1225.

(2) Aristophane. *La Paix*.

(3) Aristophane. *La Paix*.

Avant d'entrer dans la chambre nuptiale, l'usage voulait que l'épousée mangeât un coing, fruit qui passait pour le symbole de la fécondité. Sous ces auspices d'une heureuse précision, elle allait à sa besogne de reproductrice.

A Sparte, les formalités étaient réduites à leur plus simple expression. Le mariage des filles était fixé à vingt-quatre ans, après que la période du développement corporel par la gymnastique est terminée. Le mariage est d'ailleurs imposé à tout le monde et l'Etat se fait pourvoyeur de maris et de femmes.

D'après Ermippe, cité par Athénée, il y avait à Lacédémone une grande salle obscure où l'on enfermait les jeunes filles à marier; ensuite on y introduisait les jeunes gens qui n'avaient pas encore d'épouses; celle que chacun prenait, sans choix, dans cette obscurité, devenait la sienne, et sans dot (1).

(1) Athénée. *Banquet*, XIII, 1. — Elien. *Histoires diverses*, VI, 4.

Dès qu'une jeune fille avait été choisie, par ce moyen ou quelqu'autre moins aveugle, on la couchait sur une paillasse et on la laissait seule, sans lumière. Le nouveau marié, qui n'était ni pris de vin, ni énervé par les plaisirs, mais sobre à son ordinaire, se glissait auprès d'elle, lui déliait la ceinture et la portait dans un lit. Dès qu'il avait accompli les rites du baiser conjugal, il se retirait dans la chambre commune des jeunes gens. Ainsi en était-il les nuits suivantes, et quelquefois des maris avaient des enfants qu'ils ne s'étaient pas encore montrés en public avec leurs femmes. Cette méthode, d'une discrétion confinant à la honte, entretenait la vigueur et la fécondité des époux et prévenait la satiété d'un commerce habituel qui use le sentiment et les forces (1).

La femme était si bien considérée comme un instrument de reproduction, qu'un homme

(1) Plutarque. *Lycurgue*, XXIII.

vieux ou impuissant, n'ayant pas de fils, pouvait autoriser sa femme à agréer le baiser fécondant d'un jeune homme qu'il estimait. Toutefois, pour prévenir les abus de cette coutume, des magistrats étaient chargés spécialement de surveiller la conduite des femmes.

Pendant le siège de Messine, qui dura dix ans, les jeunes gens de l'armée furent envoyés à Sparte pour féconder toutes les filles nubiles, afin qu'il n'y eût pas de solution de continuité dans le mouvement ordinaire de la population (1).

Solon avait été moins brutal. Toutefois, la femme n'était guère mieux considérée, à Athènes, comme personne morale. En passant du gynécée de son père dans celui de son époux, la jeune épousée n'était destinée qu'à devenir la mère des enfants qu'elle lui donnerait et l'intendante de la maison qui lui était confiée.

(1) Plutarque. *Lycurgue*, XXIV.

On pouvait aussi à Athènes, toujours sous prétexte de reproduction, emprunter la femme d'un autre, sans que la loi intervînt dans ces sortes de transactions. Au reste, le mari pouvait et devait sans doute, du moins à l'origine, répudier la femme stérile comme inutile, pour chercher ailleurs une union féconde (1).

Cependant, désireux de réaliser l'union, le législateur réglemente le baiser conjugal qu'il prescrit de donner au moins trois fois par mois. Et si un mari impuissant a épousé une riche héritière, celle-ci peut solliciter le baiser d'un des parents de son mari, à son choix (2).

Plutarque ajoute à ce code un peu sec des préceptes plus tendres :

« On demandait à une jeune Lacédémonienne si elle s'était approchée de son mari : « Non, répondit-elle, mais il s'est approché de

(1) Hérodote, *Histoires*, V, 395.
(2) Plutarque, *Solon*, XXVI, XXIX.

moi ». C'est ainsi que devra se conduire une épouse pudique ; ne fuyant ni ne recevant d'un air morose les avances de son mari, jamais non plus elle ne les provoquera. L'une se sent de la courtisane effrontée ; l'autre manque de grâce et d'amour, et devient une preuve d'indifférence ou de dédain. »

« Partout et toujours il faut que les époux évitent de s'offenser ; mais ils le doivent surtout lorsqu'ils reposent ensemble sur l'oreiller ; car il serait difficile de trouver le temps et le lieu où puissent s'apaiser les discordes, les querelles et les colères qui naîtraient dans cet asile du repos et de la tendresse. »

« Saint et respecté doit être l'acte mystérieux qui, comme le labourage pour la terre, est l'origine de la fécondité conjugale, dont la naissance des enfants est le but et la fin naturelle. En raison de son caractère sacré, l'homme et la femme unis par le mariage ne doivent s'appro-

cher que religieusement et sagement de cette source de la vie, et il n'est pas pour eux de devoir plus impérieux que de s'abstenir de toute conjonction illicite; de regarder comme un crime toute tentative de n'en recueillir aucun fruit, ou de se laisser aller, quand ce fruit est produit, à en rougir ou à le cacher. » (1)

Les pratiques que, depuis un siècle environ, nous avons dénommées « malthusiennes », étaient nécessairement condamnées; cependant tout baiser charnel nécessitait une purification. Myrrhine, pressée par Cinésias de satisfaire au devoir conjugal alors qu'elle a fait, devant ses consœurs, serment d'abstinence, se défend par tous les moyens :

— Mais, malheureux, où faire cela ?

— Dans la grotte de Pan, nous y serons au mieux.

(1) Platon, *Préceptes du mariage*, traduction du Dr Seraine, 17, 38, 41.

— Mais comment *me purifier*, pour rentrer à la citadelle ?

— Tu te laveras à la Clepsydre. (1)

Le gynécée, ou appartement des femmes, était un ensemble de deux cours autour desquelles se groupaient une vaste salle commune et des salles de dimensions diverses, chambres à coucher, cuisines ou magasins. Des murs épais enserraient et fermaient cet appartement comme un harem ; deux seules issues, l'une, vers les propylées, c'est-à-dire la grande porte d'honneur ; l'autre, par une suite de couloirs détournés, vers l'appartement des hommes. (2)

La matrone athénienne ne sortait guère du gynécée ; elle ne devait assister ni aux jeux publics, ni aux représentations théâtrales. Elle ne paraissait dans les rues que voilée et décemment vêtue, sous peine d'une amende de mille

(1) Aristophane, *Lysistrata*.

(2) Perrot et Chipiez, *Histoire de l'art sur l'antiquité*, VI, pl. II.

drachmes infligée par les magistrats dits *gynecomi :* et la sentence était affichée aux platanes du Céramique. (1)

Mais toutes ces « précautions inutiles » n'empêchaient pas les femmes de prendre goût au luxe, à la toilette, aux repas somptueux, aux fêtes et aux plaisirs du monde. Les Athéniennes se livrèrent même avec fureur au hideux maquillage.

« Le noir dont on peint les yeux, les faux cheveux qu'on ajoute, le rouge dont on couvre les joues, la teinture avec laquelle on colore les lèvres, tous les onguents enfin que fournit l'art de la cosmétique, sans compter l'éclat trompeur qu'on tire du fard, sont autant d'inventions destinées à remplacer ce qui est absent. Quant au fucus, à la céruse, aux tissus transparents de Tarente, aux bracelets en forme de serpents, aux chaînes d'or qu'on met aux pieds, tout cela

(1) De Pauw, *Recherches philosophiques sur les Grecs*, t. I, p. 114.

est bon pour les Thaïs, les Laïs et les Aristagora. » (1)

D'après Aristophane, l'Athénienne se parfumait les mains et les pieds avec des essences d'Egypte, versées dans un bassin incrusté d'or, les joues et les seins avec des odeurs de Phénicie, les cheveux avec de la marjolaine, les cuisses avec de l'eau de serpolet.

D'autre part, la vie semi-recluse du gynécée développe chez les femmes une curiosité enfantine et souvent vicieuse. Elles se visitent mutuellement dans leurs appartements et se divertissent ensemble à divers ouvrages. Des intrigues se nouent grâce à des esclaves infidèles ou à quelques-unes des nombreuses entremetteuses qui rôdent de gynécée en gynécée. Aussi, les femmes parviennent-elles à endormir ou à tromper la surveillance la plus sévère : d'ins-

(1) De Pauw, *Recherches philosophiques*, I, 114 sq. ; — *Lettres galantes de Philostrate*, traduction Stéphane de Rouville, 2, 40.

tinct et sous la poussée du désir passionnel, elles savaient, il y a vingt-cinq siècles comme aujourd'hui, se jouer de la tyrannie et de la jalousie du sexe fort. Nous verrons d'autre part qu'elles ne répugnaient pas à la science du baiser.

En principe, toute la Grèce fut monogame, bien que, au dire de certains écrivains, il y eut des exemples de bigamie, parmi lesquels Socrate et Euripide. Diogène Laërce prétend aussi qu'une loi votée au temps de la guerre du Péloponèse pour remédier à la dépopulation causée par la guerre et par la peste, permettait aux Athéniens d'avoir simultanément une femme légitime et une autre femme donnant le jour à des enfants légitimes.

Tout cela est sujet à discussion ; mais de temps immémorial, les Grecs conservèrent à la portée de leurs désirs un certain nombre de concubines. Priam disait à Hécube : « J'ai eu

dix-neuf enfants de toi seule; les autres me sont nés des concubines que j'ai dans le palais. »
Agamemnon possédait un grand nombre de belles femmes qu'il avait reçues en don; Nestor et Phénix, malgré leur grand âge, avaient des concubines.

Il n'est pas certain que la loi autorisait formellement le concubinat. Et cependant, la pallaque avait certains droits définis. Elle était, en somme, celle qui tient lieu de l'épouse, sans les justes noces : esclave achetée ou servante prise à louage — bonne à tout faire — elle n'en faisait pas moins partie essentielle du domicile des époux, surtout indispensable pendant les maladies, les couches et les autres empêchements périodiques de la véritable épouse.

Elle était toutefois garantie, la plupart du temps, contre les caprices du maître, par une sorte de contrat d'après lequel le quasi-mari s'engageait à payer une somme d'argent — un

dédit — pour le cas où, sa fantaisie satisfaite, il renverrait la femme. Aussi, les citoyens pauvres faisaient-ils aisément de leurs filles des pallaques.

Au reste ce concubinat était si bien reconnu que le concubin surprenant un homme dans les bras de sa concubine pouvait le tuer impunément (1).

Les maris ne voyaient évidemment pas malice à ce coudoiement de la femme et de la concubine. Apollogène même, aimant également sa femme et sa maîtresse, prie les dieux que ces deux femmes puissent demeurer ensemble, en bon accord et sans jalousie, de même que ces deux amours habitent dans son cœur dans une parfaite concorde. (2)

La femme étant en quelque sorte la propriété de son mari, celui-ci aura logiquement tous les

(1) Démosthène, *contre Aristocrate*, §§ 53 et 55.
(2) *Lettres d'Aristénète*, II, 11.

droits sur elle, qu'il la néglige ou non, tout son corps, tous ses baisers lui appartiennent en propre; elle sera souillée à jamais d'avoir subi le contact d'un autre homme. (1)

A Sparte, où nous avons marqué une mentalité spéciale, la loi autorisait l'adultère dans certains cas. Lycurgue s'était en effet efforcé de bannir du mariage la jalousie : il se moquait même de ceux qui n'admettent pas les autres à partager avec eux, et qui punissent, par des meurtres ou des guerres, le commerce que des étrangers ont eu avec leurs femmes (2).

Solon, pour assurer la perpétuation de l'espèce, avait, lui aussi, nous l'avons vu, codifié l'adultère dans un cas très précis.

Mais, d'une façon générale et presque absolue, lorsqu'un mari a surpris sa femme en adultère, il ne pourra plus habiter avec elle,

(1) Plutarque, *Les préceptes du mariage.*

(2) Plutarque. *Lycurgue*, XXLV.

sous peine d'être diffamé. La femme qui aura été surprise ne pourra entrer dans les temples publics ; si elle y entre, on pourra lui faire subir impunément toutes sortes de mauvais traitements, excepté la mort (1).

Quant au complice, il pourra être immolé s'il est pris en flagrant délit, dans l'enlacement même du baiser. L'époux peut aussi se contenter de le livrer à la merci des esclaves qui lui enfoncent, en manière de pal, un énorme radis noir dans le derrière, l'épilent tout autour et couvrent de cendres brûlantes la partie épilée (2). D'aucuns même le font châtrer (3).

Des maris plus pratiques, plus accommodants, comme le bossu Poliagre, se contentent

(1) Démosthène. *Plaidoyer contre Néèra.*

(2) Aristophane. *Les Nuées ;* — *Anthologie grecque*, Epigrammes descriptives, 520 ; — Lucien. *Sur la mort de Pérégrinus*, § 9 ; — *Lettres d'Alciphron*, III, 62.

(3) *Lettres d'Alciphron*, III, 62.

de demander à l'amant le prix des baisers de la femme (1).

Il n'existait pas de peines contre le mari manquant à la foi conjugale. Mais si l'époux était convaincu de relations contre nature avec un autre homme, le divorce était accordé à la femme (2).

Quelque infime que soit la personnalité morale de la femme, et bien que la mythologie abonde en unions de parents très proches, les Grecs ont une profonde horreur pour l'inceste : l'*Œdipe-Roi* de Sophocle est la manifestation la plus précise et la plus frappante de cet état d'esprit. Toutefois, la législation publique d'Athènes ne spécifiant pas de degrés prohibés par un texte formel, la loi contre l'inceste était plutôt une loi non écrite, comme dit Platon.

Aussi, peut-elle subir quelques entorses.

(1) *Lettres d'Alciphron*, III, 62.
(2) Diogène de Laërce, IV, 17.

Ainsi, le fils de Thémistocle, Archeptolis, épousa sa sœur consanguine (1) ; ainsi Cimon eut pour maîtresse, puis pour femme, sa sœur Elpinikè (2) ; ainsi, à Syracuse, Denys le Jeune et Théaridès épousent leurs sœurs consanguines (3).

A Sparte, la coutume du lévirat, venue de l'orient, se transforme de telle façon qu'elle semble à plaisir doubler l'adultère d'un inceste. Le mari impuissant se fait suppléer par un homme jeune et vigoureux, le plus proche parent, et reconnaît l'enfant qui naît de ce baiser. « Chez les Lacédémoniens, dit Polybe, c'est une coutume nationale et morale qu'une femme ait trois ou quatre époux, parfois davantage, quand ce sont des frères, et que les enfants leur soient communs » (4).

(1) Plutarque. *Thémistocle*, XXXII.
(2) Plutarque. *Cimon*, IV.
(3) Plutarque. *Dion*, VI.
(4) Polybe. *Histoires*, XII, 8.

Bien entendu, les sophistes, Hippias en tête, et les sceptiques, comme Sextus Empiricus, traitaient dédaigneusement les préjugés contre l'inceste. Diogène le Cynique approuvait fort les Perses de ne pas avoir plus de scrupules que les coqs, les chiens et les ânes (1).

Avec de pareils maîtres, le baiser conjugal serait donc pur baiser bestial : l'humanité veut moins et mieux.

(1) Daremberg et Saglio. *Diction. des Antiquités grecques et romaines*, art. *Incestum*.

Les Grandes Hétaïres

CHAPITRE II

Les Grandes Hétaïres

L'hétaïre, reine d'Athènes.
Leontium et Epicure — Glycère et Ménandre.
L'école-harem d'Aspasie : baiser et rhétorique. — Aspasie et Périclès.
Apelles fait l'éducation érotico-philosophique de Laïs.
La Circé de Corinthe. — Xénocrate et les baisers de Laïs.
Phryné, la courtisane hiératique. — Le culte de la beauté.
Procès et acquittement de la prêtresse de Vénus.

La femme, ses amours et ses caprices ont passionné la Grèce. Grâce à ses rapports avec l'Orient voluptueux, à son culte de la beauté, Athènes remplit le monde de ses plaisirs. Ses

courtisanes et ses artistes en firent comme le sanctuaire des délices sensuelles.

Au sommet de l'échelle voluptueuse trône l'hétaïre, qu'il n'est pas permis de confondre avec la prostituée, même de haut étage, tellement sa situation est spéciale. L'hétaïre fut véritablement la reine d'Athènes, surtout à partir du siècle de Périclès. On avait trouvé pour elle jusqu'à une définition galante : « L'hétaïre n'était pas seulement la femme faisant commerce de galanterie, mais encore une femme capable de s'attacher avec sincérité, se liant même d'amitié avec les femmes de condition libre, les filles honnêtes même. Anaxile dit : Une fille qui parle avec retenue et modestie, accordant ses faveurs à ceux qui recourent à elle dans leurs besoins, a été nommée *hétaira* ou bonne amie. Elle se distingue absolument de la courtisane. Elle est franche, elle est charmante » (1).

(1) Athénée. *Banquet des savants*, XIII, 6.

En somme, l'hétaïre, c'est la réalisation de tout ce qui, chez la femme, n'est ni le devoir domestique, ni la volupté brutale. Esprit, adresse, souplesse, facilité à tout comprendre, art de causer, sympathie pour les arts, séduction de l'âme, de l'esprit et des sens : elle réunit toutes les qualités qui semblent interdites à la femme du gynécée. Elle naît esclave, elle se fait reine.

L'hétaïre était belle. L'Asie, Milet les fournissaient aux Athéniens. Le *leno* parcourait toutes les îles de l'archipel pour choisir à loisir les jeunes filles qui devaient faire sa fortune sur le marché d'Athènes.

Les lois avaient beau exclure les hétaïres des sacrifices publics, les condamner à porter un vêtement spécial, elles se vengeaient en captivant la jeunesse et les talents, en attirant à elles toutes les supériorités et tous les hommages, en usurpant la souveraineté des mœurs (1).

(1) Philarète Chasles. *Les hétaïres. Revue de Paris*, 1834, p. 15.

Car elles n'étaient pas seulement belles, mais encore le plus souvent artistes, musiciennes, cantatrices, peintres, poètes, philosophes parfois. Telle la Leontium d'Epicure, qui rédigea contre le savant Théophraste un ouvrage dont Cicéron admirait le style élégant. Le philosophe l'avait connue trop tard, alors que déjà la vieillesse pesait sur lui : il avait fait ses preuves de vigueur avec Thémisto de Lampsaque, et surtout Philénis de Leucade, qui sacrifiait aussi aux amours unisexuelles. Mais rien n'empêchait qu'il fût vieux, et sa passion sénile répugnait un peu à Leontium, dont la philosophie ne paraissait pas s'accommoder d'un régime purement platonique. Elle aime le jeune et beau Timarque, celui qui, le premier, l'initia aux mystères de la volupté et eut sa fleur ; Epicure, pris de jalousie, voudrait écarter ce jeune homme de ses jardins, mais Leontium ne le supportera pas. Elle se déclare plutôt prête,

dans une lettre à Lamia, à abandonner Epicure, qu'elle accuse de nourrir une passion « socratique » pour un de ses disciples, Pitoclès (1).

En attendant de mettre à exécution ses menaces, elle satisfaisait aux ardeurs de son tempérament avec presque tous les disciples du maître, et dans les jardins mêmes où Epicure répandait sa doctrine; elle ne refusait pas davantage ses faveurs au poète Hermésianax, de Colophon, qui composa en son honneur une histoire des poètes amoureux et qui lui réserva la plus belle place dans ce livre (2).

Glycère, l'amie du poète comique Ménandre, avait la répartie facile et prompte, avec une conception judicieuse de son sacerdoce érotique. « Vous corrompez la jeunesse, lui disait Stilpon. — Et toi, sophiste, répliquait-elle,

(1) *Lettres du rhéteur Alciphron*, II, 2.
(2) Athénée. *Banquet*, XIII, 6.

non seulement tu la corromps, mais tu l'ennuies » (1).

Elle eut pour Ménandre une passion sincère, et connaissant bien le tempérament amoureux de son amant, elle était dans une crainte incessante.

Le poète fut vraiment épris de Glycère; au point que le roi d'Egypte, Ptolémée, l'ayant invité à se rendre près de lui en l'accablant des promesses les plus brillantes, Ménandre déclina ces offres : « Seul et sans ma Glycère, cet éclat, cette cour, ce peuple ne seraient à mes yeux qu'une solitude immense. Il est plus doux, il est moins dangereux de rechercher ses faveurs que celles des satrapes et des rois... Sans Glycère, quelle serait mon indigence au milieu des trésors ! si j'apprenais que cet amour si saint est devenu le partage, la richesse d'un

(1) Athénée, *Banquet*, XIII, 6.

autre, j'en mourrais ; je n'emporterais au tombeau que mes éternels regrets, je laisserais ces trésors aux mains coupables des envieux ! » Et Glycère, touchée de cette preuve d'affection, ne veut pas être en reste de générosité : elle engage son amant à partir pour l'Egypte, où elle est prête à le suivre. « O mon cher Ménandre, écrit-elle, tu redoubles nos nœuds. Je ne crains plus l'affaiblissement d'un sentiment qui n'aurait pour garant que sa violence ; ce qui est extrême dure peu, mais je vois que ta passion est affermie par la confiance, c'est la confiance qui éternise les amours et qui, en assaisonnant les plaisirs, leur ôte la pointe de l'inquiétude. » Ce n'est point là le langage d'une femme à l'esprit et au cœur vils. Et de ces façons délicates, Glycère sait rendre hommage à son maître. « Je dois ces leçons à ta tendresse ingénieuse. L'amour, me disais-tu, est un grand maître ; il hâte, il cultive, il fait éclore les

fruits de l'intelligence. Je n'ai point été indigne de tes soins. » (1)

Trois belles figures d'hétaïre dominent l'histoire amoureuse de la Grèce : Aspasie, Laïs et Phryné.

Originaire de Milet, pépinière de jolies courtisanes, Aspasie fut de bonne heure fille publique à Mégare, où elle apprit la technique d'un art que toutes les femmes ne possèdent pas d'instinct. Pourvue d'expérience et sans doute de quelques ressources, elle vint à Athènes vers le milieu du cinquième siècle, accompagnée d'une troupe de brillantes élèves formées à bonne école, instruites avec le même soin dans l'art du baiser et dans l'étude de la philosophie. Son initiative témoigna d'une insigne habileté et d'une connaissance quasi divinatrice des mœurs athéniennes. C'était, en effet, le moment où Athènes cultivait avec la

(1) *Lettres du rhéteur Alciphron*, II, 3 et 4.

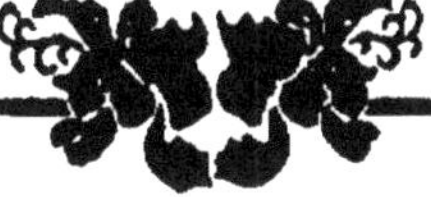

même sollicitude la philosophie et l'amour, l'éloquence et la dépravation : Aspasie venait offrir aux citoyens les plus considérables une école où la rhétorique était enseignée par des lèvres qui connaissaient toutes les délicatesses, toutes les subtilités, tous les raffinements de la volupté. Les auditeurs et les admirateurs se pressèrent « pour l'ouïr deviser, dit Amyot, traducteur de Plutarque, combien qu'elle menast un train qui n'estoit guères honneste, parce qu'elle tenoit en sa maison de jeunes garces qui faisoient gain de leur corps. »

Après avoir gagné l'amitié de Socrate et d'Alcibiade, entre lesquels, d'après un dialogue de Platon, elle favorisait un commerce érotique d'un genre tout spécial, elle sut s'attacher de plus près, et par des liens très vigoureux, celui qui a donné son nom au siècle le plus brillant de la Grèce, Périclès. La passion du grand orateur, toute intellectuelle au début, affirme

Plutarque, prit bientôt une tournure plus intime. En effet, quoique sa femme, qui était sa parente, eût donné à Périclès deux fils, Xantippe et Paralus, il la maria à un autre, de son propre consentement, et épousa Aspasie. Il l'aima même si tendrement qu'il ne manquait jamais de l'embrasser en sortant de chez lui comme en rentrant. Aussi, dans les comédies de ce temps-là, est-elle appelée la nouvelle Omphale, Déjanire et Junon.

Cette Aspasie eut tant de célébrité que Cyrus donna le nom d'Aspasie à celle de ses concubines qu'il aimait le plus, et qui s'appelait auparavant Milto.

L'influence d'Aspasie sur l'esprit de Périclès alla jusqu'à lui faire déclarer la guerre aux Mégariens. Au reste les expéditions de ce genre étaient fructueuses pour Aspasie, qui accompagnait son mari, mais sans se priver du concours aimable de ses élèves. Pendant le

siège de Samos, les hétaïres chômèrent peu : elles firent de si énormes bénéfices que, en témoignage de gratitude, elles élevèrent un temple à Vénus à l'entrée de Samos.

Cependant l'envie grondait autour de cette femme trop adulée, au gré des matrones d'Athènes. A leur instigation sans doute, un poète comique nommé Hermippus porta contre elle une accusation d'athéisme et d'impiété, alléguant, dit le naïf traducteur de Plutarque, « qu'elle servait de maquerelle à Périclès, recevant en sa maison des bourgeoises de la ville, dont Périclès jouissait. »

Aspasie ne dut son salut qu'aux prières de Périclès, qui la défendit en personne devant l'aréopage.

Et cependant, le grand homme mort, la célèbre hétaïre lui donna comme successeur un simple marchand de bestiaux, Lysiclès, homme d'un esprit bas et abject. Il est vrai que, par

suite du commerce que ce bouvier eut avec Aspasie, il ne tarda pas à devenir un des premiers personnages de la république. Tel était l'ascendant de cette femme singulière qui vit à ses pieds ou tint dans ses bras les hommes les plus célèbres de l'époque la plus brillante d'Athènes. (1)

Laïs fut la plus riche et la plus chère des hétaïres de Corinthe, où elle habitait, au temps de sa prospérité, un splendide palais. Née en Sicile, à Hiccara, elle fut emmenée en Péloponnèse et vendue comme esclave. Un jour le peintre Apelles la remarque, comme elle venait de prendre de l'eau à la fontaine de Pirène : il la juge en connaisseur, devine ses charmes, et la conduit aussitôt au milieu de ses amis réunis pour un festin. Etonnement général. Eh quoi ! une jeune fille timide, modeste, au lieu d'une courtisane experte et impudique ? — Ne vous

(1) Plutarque, *Périclès*, XXXVII, XXXVIII, XLIX ; — Athénée, *Banquet*, XIII, 6 ; — Aristophane, *Les Acharniens*.

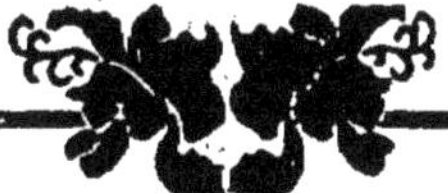

inquiétez pas, répond Apelles, je la formerai, je m'y connais, elle ira loin. — Et le grand artiste se fait l'éducateur de la belle fille, la dresse avec une sollicitude très avisée aux fonctions auxquelles il la destine, sans rien cacher d'ailleurs à personne de ses desseins ou de ses aspirations. Le professeur offrait des garanties, l'élève devait être particulièrement douée; si bien que peu de temps après Laïs, établie à Corinthe, avait à ses pieds les plus riches étrangers, et que les courtisanes de la ville renommée entre toutes pour la science de la débauche consacraient l'éclat de la nouvelle étoile en exprimant leurs craintes d'être à jamais éclipsées par elle.

La beauté de sa gorge était surtout renommée : au dire d'Athénée les peintres « venaient chez elle pour imiter ses seins et l'ensemble de sa gorge ».

Aussi ses faveurs furent-elles très disputées.

Aristophane, peu tendre en général pour les courtisanes, la présente dans *Plutus*, comme la maîtresse du riche athénien Phidonide connu pour sa sottise. Il l'appelle la « Circé de Corinthe », disant que ses philtres puissants contraignirent les compagnons de Phidonide à dévorer, comme s'ils étaient des porcs, les boulettes d'excréments qu'elle leur avait pétries de sa main.

Laïs affichait en effet des prétentions exorbitantes que semblaient justifier les sollicitations incessantes des candidats à ses baisers ; elle fut même surnommée *La Hache*, par allusion à la dureté de son caractère et au prix excessif de ses faveurs, surtout pour les étrangers qui ne faisaient que passer à Corinthe.

L'illustre Démosthène lui-même vint échouer au chevet de son lit. Désireux de contrôler les bruits de la renommée, il se rend à Corinthe, et demande à la courtisane le prix d'une de ses

nuits. Déplut-il à la capricieuse adorée d'être si brutalement marchandée? — Dix mille drachmes, répond-elle. — Je n'achète pas si cher un repentir, réplique l'orateur étonné. — C'est pour ne pas avoir à me repentir aussi, reprend insolemment Laïs, que je vous demande dix mille drachmes.

Elle accueillait cependant avec une faveur marquée les philosophes. Aristippe, dit Athénée, venait tous les ans passer quelques jours avec elle à Egine. L'esclave de ce dernier lui reprochant de payer cher cette courtisane, qui donnait ses baisers gratis à Diogène le Cynique, Aristippe répondit : Je donne beaucoup à Laïs pour en jouir, et non pour qu'un autre n'en jouisse pas.

L'orgueilleuse beauté trouva cependant un être capable de lui résister. Mise au défi de triompher de la continence de Xénocrate, connu par son stoïcisme, elle frappe la nuit à sa porte

et feignant d'être poursuivie par des assassins, lui demande un asile. Le sage l'accorde et lui indique un banc où se coucher.

Mais Laïs se dévêt savamment, dévoilant peu à peu toutes les splendeurs d'un corps que la Grèce et l'Asie se disputent ; ses lèvres à demi entr'ouvertes promettent la volupté, ses yeux lancent des flammes, ses bras s'ouvrent pour former la plus enviable ceinture. Elle s'étend enfin aux côtés du philosophe, elle essaie de l'animer par les caresses les plus provocantes, les plus lascives ; Protée voluptueux, elle se multiplie, nymphe, bacchante, sirène et Vénus. Rien ne peut troubler l'impassibilité du philosophe.

Pleine de honte et de colère elle se retire, mais refuse de payer la gageure, alléguant qu'elle a « parié de rendre sensible un homme, mais non pas une statue ».

Laïs avait amassé une fortune immense, mais

vécu avec une prodigalité telle que, sur ses vieux jours, restant sans ressources, elle tomba dans a prostitution la plus vile.

Après sa mort, Corinthe fit élever sur les bords du fleuve Pénée, dans le pays où elle était morte, un tombeau à la grande amoureuse avec cette inscription :

« La Grèce glorieuse et invincible fut asservie à la beauté de Laïs. L'amour lui donna le jour ; Corinthe l'éleva et la nourrit dans ses murs superbes. Elle repose dans les campagnes fleuries de la Thessalie (1). »

Phryné, de Thespie, dut rêver toute jeune de passer à la postérité : car elle a gardé presque invariablement une attitude quasi-hiératique. Elle fut courtisane, certes, mais avec magnificence, avec une dignité inattaquable, comme la prêtresse d'un culte sacré. Certains même pré-

(1) Athénée, *Banquet*, XIII, 6 ; — Aristophane, *Plutus* ; — Elien, *Histoires diverses*, X, 2 ; — XIV, 35.

tendent qu'elle reçut le surnom de *Scethron* ou Crible, parce qu'elle criblait ceux qui jouissaient de ses faveurs, et les dépouillait de leur fortune ; mais les déesses ne veulent-elles pas d'opulents sacrifices ? Point chez elle de faiblesses ou de défaillances : tout au plus lui reproche-t-on d'avoir entretenu quelque temps un certain Gyllion ; encore ce parasite n'était-il rien moins qu'un des sénateurs de l'Aréopage.

Mais cette hétaïre insensible et cupide, douée d'un corps admirable, vivait « comme une matrone pudique, close dans son palais d'amour ». Elle ne se laissait pas voir facilement sous le seul voile de la nature. Sa tunique lui enveloppait étroitement tout le corps, et jamais elle n'allait aux bains publics.

En revanche on la vit un jour, dans les fêtes d'Eleusis, s'avancer sur le rivage, dénouer ses blonds cheveux et sa ceinture et, laissant tomber jusqu'au dernier voile, descendre lentement

et se baigner dans la mer. Ce fut à cet instant que le peintre Appelles la considéra toute nue, pour en faire sa Vénus sortant des ondes.

Phryné, aimant et recherchant la gloire, dut fréquenter ceux qui pouvaient la donner, les artistes. Le sculpteur Praxitèle eut pour elle la plus violente passion. Il fit, d'après elle, la Vénus achetée par les Gnidiens, qui la placèrent au haut d'une colline, dans un temple ouvert de toutes parts. Il grava aussi sur la base de la statue de l'Amour placée au bas de la face du théâtre :

« Praxitèle a vu Phryné, et il a tracé l'image de l'Amour. »

C'est encore un ouvrage du même sculpteur, statue d'or, qui fut placé dans le temple de Delphes, et devant lequel le cynique Cratès s'écriait : « Voici donc un monument de l'impudicité de la Grèce. »

Les richesses de Phryné furent immenses :

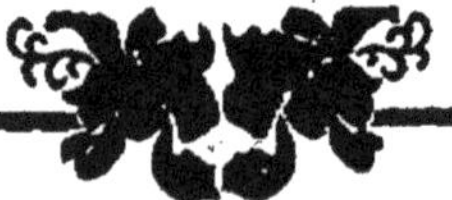

elle en employa une grande partie à faire bâtir divers monuments publics, surtout à Corinthe, sans que le peuple songeât à protester contre la source impure de ces générosités. Elle proposa même aux Thébains de rebâtir leur ville détruite par Alexandre, à condition qu'on graverait sur les murs cette inscription : « Thèbes abattue par Alexandre, relevée par Phryné. » Les Thébains n'osèrent accepter.

Tant de gloire, une existence si manifestement adulée devait éveiller l'envie et la haine des femmes publiquement vertueuses. Un complot fut ourdi. Des amants dévoilèrent les secrets d'alcôve ou d'orgie. On publia qu'elle se piquait d'être aussi belle que les déesses, qu'elle prétendait au même culte qu'elles, et que, dans plusieurs fêtes intimes, elle avait institué des sortes de mystères religieux. Enfin on lui prêta ce propos coupable : Si le peuple était un seul homme, et si je

voulais lui acheter Athènes, il me vendrait la cité pour une nuit d'amour.

Un sophiste Euthias, qui vainement avait sollicité les baisers de Phryné, se fit accusateur. La peine capitale était au bout d'un verdict défavorable. L'orateur Hypéride entreprit la défense de l'accusée, dont il avait été l'amant. Son éloquence émue laissait insensibles les juges ; mais les sentant disposés à prononcer l'arrêt fatal, il fait approcher Phryné, déchire sa tunique et révèle aux juges les beautés ravissantes du corps le plus parfait. « Les juges ne voulurent pas condamner à mort une si belle femme consacrée au culte de Vénus, et qui servait religieusement dans le sanctuaire de cette déesse. »

Cette cause eut un retentissement énorme ; et Bacchis, l'une des maîtresses d'Hypéride, se chargea, au nom de toutes les courtisanes grecques, d'adresser au triomphateur l'expression de la gratitude de toute la corporation, qui s'était

sentie menacée par l'accusation d'Euthias dans le principe même de sa profession (1).

Ainsi, jusqu'au bout, Phryné resta l'incarnation de l'hétaïre grecque, dans sa beauté divinisée, dont la splendeur attirait l'adoration respectueuse du peuple le plus artiste de la terre.

(1) Athénée, Le *Banquet*, XIII, 6 ; — *Lettres du Rhéteur Alciphron*, I, 31 ; — Chaussard, *Fêtes et courtisanes de la Grèce*, IV, p. 189 sqq. ; — Jean Richepin, les *Grandes amoureuses*, p. 147 sqq.

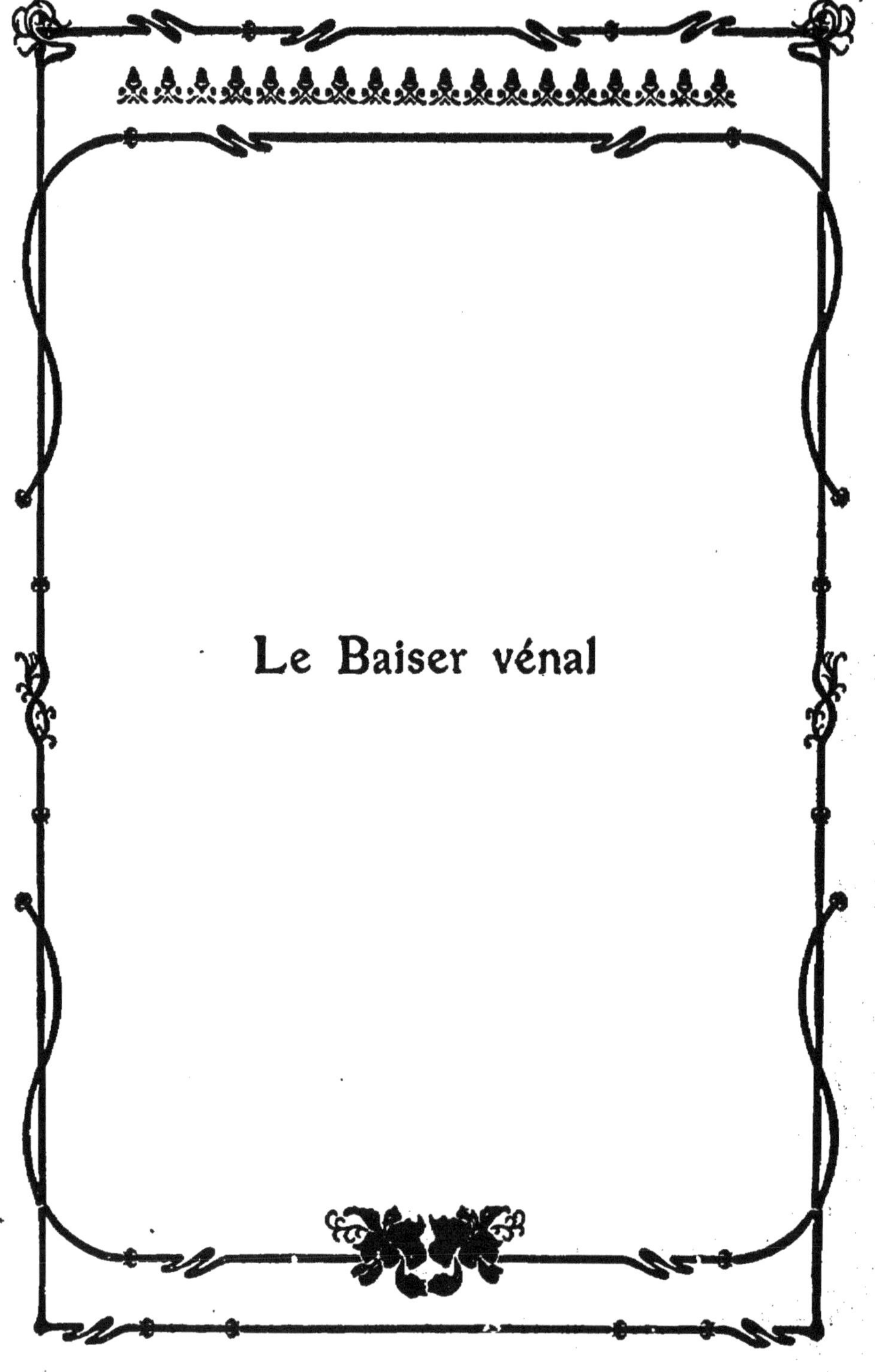

Le Baiser vénal

CHAPITRE III

Le Baiser vénal

La prostitution officielle : les dictériades, leur dressage au baiser. — Les courtisanes : le racolage des clients. Intrigues et comédies du baiser. — Conseils maternels. — Tarif du baiser : contrats de location ou d'achat de courtisanes. Dépravation des aulétrides et danseuses. — Tableaux vivants. La lutte pour le baiser. — Les courtisanes dans les lettres. Les courtisanes célèbres.

De l'hétaïre à la prostituée, la distance est longue. Cette dernière, née esclave la plupart du temps, est restée, avec la complicité de la loi, une serve de volupté. Encore y a-t-il des degrés dans cette servitude, comme dans l'avi-

lissement de la femme. Tout au bas de l'échelle, les *dictériades* : ainsi appelait-on les filles publiques vivant dans les lieux de prostitution officiels, dits *dictérions*, dont l'enseigne parlante était un priape sur la porte.

L'institution en était due à Solon. Le sage législateur, désireux de calmer le tempérament bouillant des jeunes gens, de préserver aussi un peu plus la vertu des épouses, acheta des filles et les fit placer dans des lieux où, pourvues de tout ce qui leur est nécessaire, elles deviennent communes à tous ceux qui en veulent. « Les voici dans la simple nature, vous dit-on ; pas de surprise ; voyez tout. N'avez-vous pas de quoi vous féliciter ? la porte va s'ouvrir, si vous voulez : il ne faut qu'une obole. Allons, faites un saut, entrez ! on ne fera pas de façons, point de minauderies ; on ne se sauvera pas. Çà, tout de suite, si vous voulez et comme vous voudrez.

Vous pouvez les voir, ces pensionnaires des dictérions, lorsqu'elles vont prendre l'air, le sein artistement couvert, ou bien dans ces temples où elles se rangent en file sous le simple voile de la nature. Il en est de taille svelte, épaisse, ronde, haute, courbe ; de jeunes, de vieilles, d'âge moyen, de plus mûres dont on peut acquérir le baiser sans demander une échelle pour pénétrer furtivement. Elles vous saisissent, vous tirent par force chez elles. Etes-vous âgé ? elles vous appellent *papa !* Etes-vous jeune ? *mon petit frère !* Chacun peut les avoir facilement, et sans crainte, de jour, de nuit, et s'en arranger de toute manière (1).

Le prix d'entrée de ces établissements était en général d'une obole, équivalant à trois sous et demi de notre monnaie.

L'initiative officielle avait porté ses fruits, tout au moins au point de vue industriel ; car

(1) Athénée. *Banquet des savants*, XIII, 3.

Il s'était fondé aussitôt un certain nombre d'établissements du même genre que les *dictérions*, et tenus par des particuliers, hommes ou femmes, étrangers, métèques ou affranchis, qu'on appelait des *pornoboskoi*, profession aussi lucrative que déshonorante. Les femmes entretenues dans ces maisons étaient la propriété du patron ; la plupart sans doute étaient d'origine servile et destinées dès l'enfance à ce métier ; d'autres, nées libres, étaient tombées dans l'esclavage.

Ces filles étaient d'un ordre plus relevé que celles qui peuplaient les *dictérions* ; du moins s'établissait-il entre elles plusieurs catégories. Il y avait encore là les misérables créatures livrées aux caprices des passants. Mais les plus belles apprenaient la danse, le chant, le jeu de la flûte ou de la cithare, et étaient réservées aux grands personnages, aux gens riches, aux militaires en congé revenant d'une expédition

la bourse bien garnie. Dans ces *pornia* on servait à boire et à manger, et des salles de bains étaient installées. Aussi les étrangers y descendaient-ils souvent. Quant aux gens de la ville, ils s'y rendaient en parties fines.

Les pensionnaires de ces établissements étaient dressées par d'expertes courtisanes qui, ayant gagné un peu d'aise au trafic de leurs baisers, prenaient chez elles des jeunesses qui n'étaient pas encore au fait du métier, et bientôt les transformaient au point de leur changer et les sentiments, et même jusqu'à la figure et à la taille. Une novice est-elle petite ? on lui coud une semelle épaisse de liège dans sa chaussure. Est-elle de trop haute taille ? on lui fait porter une chaussure très mince, et on lui apprend à renfoncer la tête dans les épaules en marchant ; ce qui lui ôte un peu de sa hauteur. N'a-t-elle pas assez de hanches ? on lui coud une garniture, de sorte que ceux qui voient la grisette

ne peuvent s'empêcher de dire : ma foi, voilà une jolie croupe ! A-t-elle un gros ventre ? moyennant des buscs qui lui font l'effet des machines droites dont se servent les comédiens, on lui renfonce le ventre en arrière. Si elle a les sourcils roux, on les lui noircit avec de la suie. Les a-t-elle noirs ? on les lui blanchit avec de la céruse. A-t-elle le teint trop blanc ? on la colore avec du *pœdérote* (fard particulier aux *mignons* ou pédérastes). Mais a-t-elle quelque beauté particulière en un endroit du corps ? on étale au grand jour ces charmes naturels (1).

Attachées à un service public, ces aimables personnes étaient soumises à une surveillance administrative organisée pour éviter tout scandale ; mais en revanche elles jouissaient d'une protection précieuse. C'est ainsi que la loi interdisait de surprendre quelqu'un comme

(1) Athénée, *Banquet*, XIII, 3.

adultère auprès des femmes enfermées dans un lieu de prostitution (1).

En dehors et un peu au-dessus de cette catégorie de prostituées officielles, un certain nombre de courtisanes de condition libre vivaient seules et indépendantes : c'étaient des affranchies ou des étrangères, plus rarement des citoyennes. Aristophane de Byzance en comptait cent trente-cinq à Athènes ; Apollodore, sans préciser, prétend que leur nombre était beaucoup plus considérable.

« Peintes et parées, on les voyait à une fenêtre haute s'ouvrant sur la rue ; un brin de myrte entre les doigts, l'agitant comme une baguette de magicienne ou le promenant sur leurs lèvres, elles faisaient des appels aux passants. Si l'un d'eux s'arrêtait, la courtisane faisait un signe connu, rapprochant du pouce

(1) Démosthène. *Plaidoyer contre Néèra.*

le doigt annulaire, de manière à figurer avec la main demi-fermée un anneau ; en réponse, l'homme levait en l'air l'index de la main droite, et la femme venait à sa rencontre.. »

Elles se montraient aussi librement dans les rues, chose qui n'était guère permise aux honnêtes femmes. Leur frisure compliquée, l'arrangement de leurs cheveux, l'excès de colliers précieux, d'ornements de la gorge, des bras et de la tête les faisaient aisément reconnaître. Au reste, une loi ordonnait aux prostituées de porter des vêtements fleuris, ornés de feuillages ou de couleurs variées, afin que cette parure désignât les courtisanes au premier coup d'œil. Généralement, elles teignaient leurs cheveux en jaune, avec du safran ; et l'étoffe de leur vêtement était si claire que la blancheur de leur corps paraissait au travers.

Très ingénieusement encore elles portaient des chaussures dont les clous imprimaient sur

le sol une invite amoureuse : *akolouthei* (suis-moi).

On rencontrait aussi les courtisanes dans les festins, au théâtre, au temple d'Aphrodite. Les plus fières et les plus triomphantes vinrent même se mettre en montre sur le Céramique, qui devint bientôt le marché public de la prostitution élégante. Un jeune Athénien, désirant les baisers de l'une d'elles, inscrivait son nom sur le mur du Céramique avec l'indication du prix qu'il offrait : l'intéressée considérait-elle l'offre comme suffisante, le marché se concluait, souvent sur place (1).

C'étaient là procédés honnêtes de courtisanes faisant consciencieusement leur métier ; mais il en était qui, plus intrigantes et plus ambitieuses, cherchaient à affoler les jeunes gens riches pour en obtenir de superbes cadeaux ou même devenir leurs maîtresses en titre. Leurs manèges

(1) Aristophane. *L'Assemblée des femmes.* — *Lettres d'Aristénète*, I. 15.

sont en quelque sorte classiques : les courtisanes d'aucun temps, d'aucun pays, ne les pourraient renier. Pleurer à propos, entrecouper ses discours de soupirs, se servir de la jalousie comme d'un philtre, jouer des regards comme d'un miroir attirant ou décevant tour à tour, contrefaire l'amoureuse en tous points, ce sont là comédies qui durent jusqu'au jour où l'amant est entièrement dépouillé.

Télésippe a trouvé mieux. Aimée d'Architèle de Phalère, elle lui accorde la permission de la voir, mais à des conditions extraordinaires : « Maniez mon sein, lui dit-elle, baisez-moi tant que vous voudrez, et prenez-moi entre vos bras quand je suis habillée ; mais ne cherchez pas à en venir à la jouissance. Tant qu'on l'espère, on s'en fait une idée pleine de douceurs et de charmes, mais le mépris la suit de près ; et on ne fait plus aucun cas de ce qu'un peu auparavant on désirait avec ardeur. » Aussi le pauvre

Architèle en est-il réduit à « faire l'amour en eunuque, en baisant et léchant (1). »

Fréquemment, au reste, les jeunes courtisanes débutaient sous la direction d'une mère expérimentée qui avait exercé le même métier et qui les mettait en garde contre un entraînement irréfléchi ou une délicatesse trop raffinée. La mère de Philinna, sentencieuse à plaisir, lui recommande de ne pas « trop tendre la corde, de peur de la casser ». N'être glorieuse qu'à bon escient ; ne pas mépriser les amants, quelles que soient leurs infidélités, tout au plus affecter de la colère ; songer toujours enfin qu'ils sont les pourvoyeurs de la famille, voilà les sages préceptes qu'elle lui enseigne.

Crobyle, la mère de Corinne, compte sur sa fille pour la nourrir, tout en se procurant à elle-même de belles toilettes, de l'aisance, des

(1) *Lettres d'Aristénète* ; I, 4, 21 ; II, 1, 18 ; Lucien, *Toxaris ou de l'Amitié* ; *Dialogues des Courtisanes*, VIII, 8.

robes de pourpre, des servantes. Qu'aura-t-elle à faire pour cela? tout simplement vivre avec les jeunes gens, en buvant et en couchant avec eux, moyennant finance; faire bon visage à tous, prendre un air souriant, plein de douceur et de séduction; traiter tous les hommes avec adresse, sans tromper ceux qui viennent la voir ou qui la reconduisent, mais aussi sans s'attacher à aucun; aux festins, ne point s'enivrer, ne pas railler les convives et ne regarder que celui qui la paie; au lit, ne se montrer ni dévergondée, ni froide; ne pas dédaigner les amants de figure désagréable, ce sont eux qui paient le mieux: les beaux ne veulent payer que de leur beauté (1).

C'est de leurs mères aussi que les jeunes courtisanes apprendront les précautions nécessaires: car il n'est pas bon qu'une prêtresse de Vénus devienne grosse, de peur de perdre dans le travail de ses couches l'éclat de sa jeunesse et

(1) Lucien, *Dialogues des Courtisanes*, III, VI, VII.

de sa beauté. Elle saura que « lorsqu'une femme doit concevoir, la semence ne s'écoule point, mais reste au dedans, retenue par la nature. » Il faut qu'elle prenne des précautions dans ce sens et qu'elle ait recours à d'expertes matrones qui la délivreront de ses craintes, même lorsque « la semence ne s'est pas écoulée (1) ».

Sous de pareils auspices et avec des principes aussi pratiques, l'avidité des courtisanes devait être insatiable, elle le fut tellement qu'elle leur valut d'être comparées à des louves sauvages revêtant à l'occasion la forme des chiens les plus doux. Certaines, comme Corinne, pouvaient bien se contenter de deux oboles, ou, comme Mirtale, de quatre oboles, ou encore, comme Europe l'Athénienne, d'une drachme ; mais en général elles affichaient des prétentions plus considérables.

Cyniquement, une courtisane qui se déclare

(1) *Lettres d'Aristénète*, I, 19.

intelligente dit à ses amants : Vous aimez la beauté, et moi l'argent. Tâchons donc de nous satisfaire chacun de notre côté, et d'obtenir ce qui fait l'objet de nos désirs. Elle ajoute que le gain seul la touche, que sans argent on ne vient jamais à bout de persuader une courtisane, et qu'elle juge de l'amour de ses amants à la valeur seule des présents qu'ils apportent (1). D'autres, plus ingénieuses encore, plaçaient des tarifs à l'entrée de leurs appartements pour se taxer elles-mêmes. Ainsi la débutante Tarsia estimait la fleur de sa virginité, son premier baiser, à une demi-livre d'or, se déclarant prête à donner ensuite la jouissance de son corps à tout un chacun pour quelques sols d'or : *Quicumque Tarsian defloraverit mediam libram dabit. Postea populo patebit ad singulos solidos* (2).

Mais il en était dont on s'assurait la jouis-

(1) *Lettres d'Aristénète*, I, 14

(2) De Pauw, *Recherches philosophiques*, I p. 314.

sance exclusive en les louant au *leno* ou à la *lena* pour une durée déterminée moyennant un prix convenu. Ainsi la lena Cleaereta reçoit de Diabolos, fils de Glaucos, par contrat en bonne et due forme, vingt mines d'argent, sous condition que la courtisane Philénium appartiendra à Diabolos jour et nuit pendant une année entière.

Ainsi encore la procureuse Nicarète trafiquait de sept petites filles qu'elle avait achetées, élevées comme il convenait et qu'elle appelait ses filles. Elle vendit Néèra 30 mines à Timanoride et Eucrate pour que, simultanément, ils s'en servissent à leur gré. Ces contrats étaient reconnus par la loi qui se prêtait à toutes sortes de combinaisons faciles. Ainsi la même Néèra passa des mains du poète Xénoclide et du comédien Hipparque dans celles de Phrynion, qui lui permettait de se prostituer même avec les serviteurs de ses amis.

Etienne ayant revendiqué Nééra comme une femme libre, est cité en justice pour ce fait par Phrynion. Trois arbitres, établis de commun accord, se réunissent dans le temple de Cybèle, et décident que la femme était libre, qu'elle était maîtresse d'elle-même ; qu'elle devait rendre à Phrynion tout ce qu'elle avait emporté de chez lui, excepté ce qui avait été acheté pour elle, habits, joyaux et servantes. *Elle se donnerait alternativement à Phrynion et à Etienne, de deux jours l'un.* Celui qui jouirait de la femme lui fournirait le nécessaire, le temps qu'il en jouirait. On s'en tint à leur décision.

La fille de la même courtisane, Phanon, ayant marché sur les traces de sa digne mère, et donné ses baisers à Epénète, ce dernier est poursuivi par Etienne. De nouveaux arbitres cherchent un accommodement et s'arrêtent aux conditions suivantes. Le passé était entière-

ment oublié, Epénète donnait mille drachmes à Phanon pour avoir joui d'elle à plusieurs reprises, mais Etienne devait livrer Phanon à Epénète, quand celui-ci viendrait à Athènes et qu'il voudrait les baisers de cette femme (1).

Cet ordre de choses profitait d'ailleurs à l'Etat qui s'enrichissait de la prostitution. Les courtisanes s'étant multipliées dans l'Attique, dit Eschine, on adopta le projet qui consistait à leur promettre non seulement ce qu'on nomme la tolérance, mais même la protection publique, pourvu qu'elles payassent une capitation qui porterait le nom de *pornicon télos*, et qu'on donnerait tous les ans en ferme comme les autres impôts de l'Etat (2).

Dignes auxiliaires de la prostitution professionnelle, les danseuses, musiciennes, aulétrides, joueuses de flûte, de lyre, de harpe et

(1) Démosthène. — *Plaidoyer contre Néra* ; — Plaute. *L'Asinaire.*
(2) Eschine. *Plaidoyer contre Timarque.*

de sambuque se livraient, sous le couvert de l'art de Terpsichore, à une débauche effrénée. Elles allaient exercer leur art dans les festins où elles étaient appelées : on les louait pour le soir ou la nuit, mais seulement pour l'exercice de leur profession artistique — le prix des baisers non compris. — Les astynomes, chargés de leur surveillance, veillaient à ce que ces femmes n'exigent pas un salaire supérieur à deux drachmes; et, au cas où plusieurs citoyens se disputaient la même musicienne, ils tranchaient la querelle par la voie du sort (1).

La réunion de ces professionnelles, que seuls les opulents pouvaient se permettre, donnait lieu à de véritables orgies. Athénée nous en a transmis un tableau atténué : « L'une était étendue, montrant un sein d'albâtre, au clair de la lune, en laissant tomber sa collerette; une autre dansait et découvrait le flanc gauche

(1) Aristote. *République des Athéniens*, § 50.

en s'agitant ; une troisième, présentant toutes ses grâces à nu, m'offrit un tableau vivant : l'éclat de sa blancheur bravait à mes yeux l'obscurité de la nuit. Une autre découvrait ses bras depuis les épaules jusqu'à l'extrémité de ses belles mains ; une autre cachait son cou délicat, mais laissait apercevoir sa cuisse dans les plis de sa robe fendue. D'autres se laissaient tomber à la renverse, foulant aussi les feuilles sombres de la violette, le safran qui jetait sur le tissu de leurs habits et les ombres de leurs voiles un éclat couleur de feu (1).

A ces exercices, les aulétrides et danseuses gagnaient ou développaient un tempérament aisément inflammable et une facilité de mœurs qui n'avait rien à envier à celles des courtisanes. Elles ne mettaient guère plus de retenue que ces dernières à trafiquer de leur corps, mais

(1) Athénée. *Banquet*, XIII, 9.

peut-être plus de fantaisie et une science plus raffinée du baiser. Elles étaient un régal qu'on ne manquait pas de promettre aux invités de choix : ainsi la servante promet-elle à Xanthias une joueuse de flûte ravissante et deux ou trois danseuses à la fleur de la jeunesse et tout frais épilées (1). Car elles savent jouer tous les airs du baiser sur demande; à peine nubiles, elles énervent les hommes les plus robustes (2). Elles ont appris, dès la plus tendre enfance, à se trémousser avec art, et toutes les parties de leur corps ont acquis une souplesse remarquable, leur langue surtout qui sait lier les baisers, pincer et chatouiller à plaisir, éveiller de la mort même les plus endormis, les plus abattus (3).

Aussi se les disputait-on souvent après le

(1) Aristophane. *Les Grenouilles.*
(2) Athénée. *Banquet*, XIII, 3 et 4.
(3) Anthologie grecque. *Epigrammes érotiques*, 129.

repas. Si elles appartenaient à quelque patron ou à une mère qui les exploitait, il arrivait fréquemment qu'on les mettait à l'enchère et qu'elles devaient finir la nuit entre les bras du dernier enchérisseur. Dans le cas contraire, elles choisissaient à leur gré parmi les soupirants ; à moins toutefois que cette liberté même ne leur fût pas accordée par les convives. Il n'était pas rare, en effet, que les compétitions dégénérassent en querelle, voire en bataille ; et les courtisanes disputées recevaient, sans trop se plaindre, une part des coups donnés à table. Avec quelque habileté, les débauchés opéraient là de fructueux sauvetages. Ainsi, Philocléon, asseyant amoureusement une gentille joueuse de flûte sur ses genoux, se flatte de l'avoir soustraite aux exigences des convives qui, dans leur ivresse, voulaient parfaire le baiser à travers ses lèvres. Et le sauveteur ne tarde pas à solliciter des témoignages matériels de gra-

titude : « Monte là, mon petit hanneton doré, saisis cette corde (*penem*) avec la main. La corde est usée, mais elle aime encore qu'on la frotte. Allons, mon petit (*cunne mi*), sois reconnaissante à cette corde (*huic peni*) (1).

Dictériades, courtisanes, aulétrides et danseuses avaient pour clients ordinaires des jeunes gens riches. Une coupe signée Hiéron représente des jeunes gens en visite chez une femme au baiser facile : l'un tient une bourse, l'autre une fleur, le troisième offre une couronne. Sur un vase du musée de Madrid une femme couchée nue tend la coupe à une autre couchée en face d'elle et l'invite à la vider. Des soupers suivis de bals, d'orgies réunissaient, chez les courtisanes ou chez les traiteurs, les viveurs d'Athènes ou de Corinthe, chacun d'eux amenant une compagne, soit une maîtresse habituelle, soit une courtisane louée. L'opinion

(1) Aristophane. *Les Guêpes*.

publique était très indulgente pour ces désordres des jeunes gens, à condition que le scandale fût évité, et que le jeune homme sût s'arrêter à temps (1).

Les mœurs à Athènes toléraient même les relations des hommes mariés avec les courtisanes. Hypéride, qui fut publiquement l'amant de Phryné, entretint jusqu'à trois maîtresses à la fois : à la ville Myrrhine, au Pirée Aristagora, à Eleusis Phila.

Thémistocle, fils lui-même de la courtisane Abrotone, entra dans la ville sur un char attelé de quatre courtisanes, Lamie, Scionne, Satyra et Nannion (ou plutôt sans doute sur un char portant, à côté de lui, ces quatre courtisanes). Sophocle conçut, dans sa vieillesse, une ardente passion pour la courtisane Théoris. Il aima aussi, tout près de sa fin, la courtisane Archippe et lui laissa ses biens par testament. L'orateur

(1) Térence, *L'Andrienne*.

Isocrate eut pour maîtresses Métanir et Callée Harpalus le Macédonien, amoureux de la courtisane Pythionice, dépensa beaucoup pour elle ; et quand elle fut morte, il lui éleva un pompeux monument et suivit lui-même son corps à la sépulture, accompagné d'un nombreux cortège des plus habiles artistes et de musiciens qui chantaient en accord au son de toutes sortes d'instruments. Le monument s'élevait sur le chemin sacré qui allait d'Eleusis à Athènes. Après Pythionice, il fit venir Glycère, à qui il érigea une statue à Tarse en Syrie (1).

Aussi les écrivains anciens s'occupèrent-ils copieusement des courtisanes. Mais il ne nous est resté des recueils consacrés à la prostitution que des lambeaux isolés et des traits épars, qu'Athénée a cousus tant bien que mal dans son *Banquet des savants*. Nous savons cependant que Gorgias, Ammonius, Antiphane, Apollo-

(1) Athénée, *Banquet*, XIII, 5, 6.

dore, Aristophane, Nicénète de Samos ou d'Abdère, Sosicrate de Phanagon avaient écrit des traités érotico-historiques, et que Callistrate avait rédigé l'*Histoire des courtisanes*. Un grand nombre de pièces de théâtre disparues portaient aussi le nom de courtisanes fameuses : la *Thalatta* de Dioclès, la *Corianno* de Phérécrate, l'*Antée* de Phyllillius, la *Thaïs* et la *Phannium* de Ménandre, la *Clepsydre* d'Eubule, la *Nérée* de Timoclès (1).

C'est grâce à ces écrivains qu'ont pu parvenir jusqu'à nous les noms des plus célèbres distributrices de volupté, avec des traits qui ne manquent pas de saveur.

Corinthe s'est acquis, dans l'antiquité, une grande réputation pour le dévergondage de ses femmes : « Honnête à coup sûr, dit Lysistrata, comme on l'est à Corinthe. » Leur rapacité n'était pas moins connue. « Les courtisanes de

(1) Chaussard, *Fêtes et courtisanes de la Grèce*, t. IV, ch. I.

Corinthe, dit Chrémile, qu'un pauvre leur adresse des propositions, elles ne l'écoutent pas; mais si c'est un riche, elle se couchent aussitôt (*clunes extemplo eas huic obvertere*). » Aussi disait-on couramment et avec intention : « Il n'est pas donné à tout le monde d'aller à Corinthe », ou bien « on ne va pas impunément à Corinthe (1). »

La plus fameuse des aulétrides grecques fut Lamia qui, après avoir été la maîtresse de Ptolémée, roi d'Egypte, captiva dans son automne Démétrius Poliorcète, grâce à sa longue expérience des voluptés. Le roi de Syrie lui montrait un jour nombre de parfums exquis dont Lamie faisait fi. Démétrius piqué demanda un pot de nard, en fit verser dans sa main et s'en frotta les parties viriles avec les doigts. Puis il dit : « Flaire donc, Lamie ». Lamie répond en éclatant de rire : « Malheureux !

(1) Aristophane, *Lysistrata*, -- *Plutus*.

c'est celui qui a l'odeur la plus putride. — Quoi ! répartit Démétrius, c'est cependant du parfum de *gland royal* (1). »

Corisque a inspiré quelques lignes élégiaques à l'un de ses amants : « Oui, c'est être au rang des dieux que de passer une nuit à côté de Corisque ou de Camétype. Ah ! quelle chair ferme ! quelle belle peau ! quelle douce haleine ! quel charme dans leur résistance avant qu'elles vous cèdent ! il faut combattre, être souffleté, recevoir des coups de ces mains délicates ! mais est-il un plaisir pareil (2) ! »

Gnatène avait écrit en 320 vers et placé dans son vestibule le code de ses institutions, les lois érotiques, le régime que les galants devaient observer en entrant soit chez elle, soit chez sa fille.

Gnaténion, sa nièce, fut mise en circulation

(1) Athénée, *Banquet*, XIII, 5
(2) Athénée, *Banquet*, XIII, 3.

par sa tante. Sa beauté avait été remarquée par un vieux satrape ridé et cassé qui demanda le tarif. Gnatène, jugeant de son opulence d'après le nombre d'esclaves qui l'escortaient, exige mille drachmes. Il marchande. « Je te donnerai cinq mines (cinq cents francs). C'est une affaire faite, et j'y reviendrai. — A ton âge, repartit Gnatène, c'est déjà beaucoup d'y aller une fois (1). »

Manie fut très aimée, très disputée : c'est une « douce folie », disaient les Grecs en jouant sur son nom. Elle fut la maîtresse, quelque temps, de Démétrius Poliorcète et eut au dire des chroniqueurs, la répartie promp[illegible] [illegible]rituelle. Leontiscus, lutteur au pancrace, lui faisant le reproche de s'être abandonnée à Antenor, tandis qu'il vivait avec elle quasi-maritalement : « J'ai eu la curiosité de savoir, répliqua-t-elle, quelle serait l'espèce de blessure que

(1) Athénée, *Le Banquet*, XIII, 5.

deux athlètes, tous deux vainqueurs dans les jeux olympiques, pourraient me faire dans une seule nuit. »

Un jour qu'elle était l'invitée d'un riche dissipateur de la ville, ce dernier lui demanda, pendant le repas, comment elle voulait recevoir ses baisers. Connaissant la passion « cunnilinge » du personnage, elle répondit en riant : « Dans mes bras, autrement je ne me fierais pas à toi, tu pourrais bien me dévorer tout le fond (1). »

Il est un certain nombre de courtisanes dont nous ne connaissons que le nom, parfois même imaginé ou déformé par les écrivains. La plupart du temps cependant ces noms, qui paraissent être des surnoms, contiennent une allusion plus ou moins précise à la profession, un sous-entendu grossier. Dans Plaute, Térence, Alciphron, Aristénète, Aristophane, Lucien, etc., nous faisons connaissance avec Philémation,

(1) Athénée, *Banquet*, XIII, 5.

Bacchis, Philaenion, Erotion, Glycerion, Philocomasion (qui aime à faire la fête), Leaena (allusion à la lionne, animal sacré d'Aphrodite) ; Clepsydre, ainsi nommée parce qu'elle n'accordait de jouissance que pour le temps que sa clepsydre serait à se vider ; Nico, dite la Chèvre, parce qu'elle avait ruiné son amant, le tavernier Thallus, dont le nom désigne aussi une jeune branche d'arbre ; Callisto ou la Truie, Théoclée sa mère, dite la Corneille, Hippée la Jument, Synoris la Lanterne ; Sinope dite Abydos, le gouffre sans fond ; Phanostrate, surnommée pour sa saleté Phtheiropyle (qui s'épouille aux portes) ; Nannion ou Avant-scène, parce qu'elle avait une jolie figure, des bijoux d'or, de riches habits, mais qu'elle était laide toute nue ; sa fille, surnommée, pour son extrême lubricité, Teethée ou la nourrice (*fellatrix*) parce qu'elle se plaisait à téter les membres de ses amants ; Parorame, maîtresse de l'orateur Stratoclès, dotée du so-

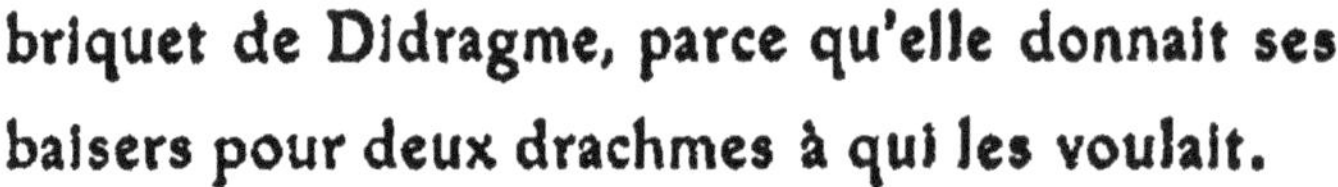

briquet de Didragme, parce qu'elle donnait ses baisers pour deux drachmes à qui les voulait.

Nous arrêterons là une énumération qui risquerait d'être fastidieuse : car le plus grand nombre des courtisanes grecques se contentèrent, sans plus, de remplir les devoirs de leur profession avec conscience et précision (1). Elles aimèrent peu, mais se laissèrent beaucoup aimer, méritant du moins un peu de gratitude de la part de leurs contemporains et le plus reposant silence de la part de la postérité.

(1) Voir Chaussard, *Fêtes et courtisanes de la Grèce*, Paris, an IX, t. IV.

La Science du Baiser

CHAPITRE IV

La Science du Baiser

Théoriciens du baiser. — Passion des Athéniennes pour le baiser. — Représentations et danses érotiques. — Les satyrions. — Les différents modes du baiser : raffinements et lubricités. — Le baiser de Sapho. — Concours de beauté. — Le baiser d'Alcibiade. — La beauté mâle. — Rhétorique et pédérastie. — Baisers contre nature.

De bonne heure en Grèce le baiser charnel et sa technique eurent des historiens précis, documentés. Astyanassa, servante d'Hélène l'épouse de Ménélas, songea la première aux différents modes du baiser ; elle écrivit un traité sur les postures vénériennes. Après elle vinrent

Philénis et Elephantis qui vulgarisèrent des débauches du même genre (1).

Philénis était de Samos, et son œuvre créa quelque émulation. A la 63me Priapée il est question d'une jeune femme qui, chaque fois qu'elle vient retrouver son amant (*cum suo fututore*), veut parcourir avec lui tout le cycle des postures que Philénis a décrites (2).

Chrysippe parle aussi, dans le livre V de son *Traité de l'honnête et de la volupté*, des livres de Philénis et de ceux qui traitent des qualités aphrodisiaques, et des servantes qui sont maîtresses dans l'art des postures et des mouvements, et qui s'exercent à les pratiquer avec succès (3).

Elephantis, sur laquelle des détails précis nous manquent, avait dû se distinguer dans

(1) Suidas, *Lexicon* : Ἀστυάνασσα (Astyanassa).

(2) *Priapeia, sive diversorum poetarum in Priapum lusus*, carmen, LXIII.

(3) Athénée, *Le Banquet*, VIII, 3.

l'enseignement théorique du baiser; car Suétone conte que « Tibère avait plusieurs chambres diversement arrangées pour ses plaisirs, ornées des tableaux et des bas-reliefs les plus lascifs, et remplies des livres d'Elephantis, afin qu'on eût, dans l'action, des modèles toujours présents pour les postures qu'il ordonnait de prendre (1). »

Et dans l'une des premières Priapées une femme du nom de Lalage vient offrir à Priape un exemplaire des œuvres obscènes d'Elephantis, en demandant comme grâce qu'il lui soit permis de réaliser toutes les attitudes prescrites dans l'ouvrage (2).

Un savant du nom de Paxamos écrivit aussi un *Dôdekatechnon,* ou traité des attitudes du baiser (3).

(1) Suétone, *Tibère*, 43.
(2) *Priapeia*, carm. 3.
(3) Suidas, *Lexicon* : Πάξαμος (Paxamos).

On connaît encore, parmi les écrivains érotico-techniques, Sotades Maronita, surnommé *Cinaedologus*. (Dans le baiser inverti, de mâle à mâle, le *cinaedus* est le partenaire passif, *qui paedicatur*.) Son style était tellement licencieux que l'épithète de sotadique est restée à tout genre de livre remarquable par son impudicité (1).

A en croire Aristophane, l'atmosphère était singulièrement favorable à ce genre de littérature ; le poète comique a fréquemment mis au grand jour de la scène et fouaillé la passion des Athéniennes pour le baiser.

Sur l'invitation de Lysistrata à s'abstenir du baiser (*a pene*), les femmes se détournent, se mordent les lèvres, secouent la tête, pâlissent, pleurent, déclarent préférer passer par le feu plutôt que se priver « de ce qu'il y a de plus doux au monde », plutôt que de s'endormir

(1) Athénée, *Banquet*, XIV, 4.

sans une tendre caresse *(sine mentula)*. Lysistrata les appelle « sexe dissolu, bonnes seulement pour l'amour. » Cependant une Lacédémonienne Lampito, consent au sacrifice, bien qu'à regret, et ce n'est enfin qu'à grand peine que Lysistrata peut arriver à faire prononcer à l'assemblée des femmes le serment suivant :

« Je n'accueillerai ni amant ni époux, avec quelque ardeur qu'il me presse (*qui ad me accedet, rigente nervo*). Je vivrai chez moi, dans la chasteté, bien parée, vêtue d'une tunique transparente, afin d'inspirer à mon époux les plus ardents désirs. Jamais je ne lui cèderai de bon gré. Et s'il me fait violence, je me donnerai froidement et sans ajouter le moindre mouvement passionnel, je ne lèverai pas mes jambes en l'air, et je ne prendrai pas de posture accroupie, comme les lions sculptés sur les manches de couteau. »

Praxagora, s'adressant à sa lampe, lui dit :

« A toi seule notre confiance, et tu la mérites, car tu es près de nous lorsque sur nos couches nous essayons les différentes postures des plaisirs de Vénus. »

La même Praxagora, se félicitant de ce que les femmes ne changent jamais, explique : « Elles font enrager leurs maris comme autrefois ; elles reçoivent des amants chez elles comme autrefois ; elles aiment le vin pur comme autrefois ; elles se plaisent à faire l'amour (*subagitari*) comme autrefois. » Aussi veulent-elles abolir les courtisanes afin d'avoir les premiers baisers des jeunes gens. Il ne convient pas que des esclaves attifées ravissent aux femmes libres leurs plaisirs. Et elles sont exigeantes autant que dévergondées.

Mnésiloque en effet, déguisé en femme, s'est introduit aux Thesmophories pour plaider la cause d'Euripide, et il en profite pour dévoiler quelques turpitudes des femmes. L'une, dès la

troisième nuit de son mariage, va retrouver son amant, qui l'avait séduite à sept ans, et se livre à lui à demi couchée sur l'autel d'Apollon, devant le vestibule de sa propre maison. Celles-ci accordent leurs baisers à des esclaves et à des muletiers. D'autres, après une nuit de caresses adultères, mangent de l'ail dès le matin afin de rassurer le mari qui a veillé sur le rempart. Une autre, en étalant sous les yeux de son mari un large manteau pour le lui faire admirer au grand jour, dissimule ainsi son amant et lui donne le moyen de s'échapper (1).

N'était-ce pas d'ailleurs pour le baiser, pour le raffinement du baiser, que les femmes grecques épilaient soigneusement leur sexe à la flamme d'une lampe ou au rasoir? Si bien que, le jour où elles sont décidées à éloigner d'elles maris et amants, elles prennent tout d'abord la réso-

(1) Aristophane, *Lysistrata*, *L'Assemblée des femmes*, *Les Thesmophories*.

lution de laisser croître les poils sous les aisselles et ailleurs, plus touffus qu'un taillis; elles jettent leurs rasoirs, afin de devenir toutes velues et de ne plus ressembler à des femmes (1).

Et les enseignes des établissements de bains ne dévoilent-elles pas un état d'âme ou de sens bien suggestif? « Jeunes femmes qui avez de l'amour au cœur, et toutes en ont, venez ici. Vous sortirez d'ici plus gracieuses, plus jolies. Celle qui est fille verra de nombreux prétendants lui apporter leurs cadeaux. Pour vous qui spéculez sur vos charmes, vous trouverez des essaims d'amants à vos portes en sortant de ce bain. (2) »

Cet état était d'ailleurs entretenu par les représentations érotiques offertes surtout aux hommes dans les meilleures maisons. Ainsi à la

(1) Aristophane, *Lysistrata*, *L'Assemblée des femmes*.

(2) Anthologie grecque, *Epigrammes descriptives*, 621.

fin d. repas donné par Callios en l'honneur du jeune Autolycus, vainqueur au pancrace, un esclave annonce : « Citoyens, voici Ariadne qui entre dans la chambre nuptiale destinée à elle et à Bacchus. » Et les acteurs chargés des rôles des époux prennent des poses amoureuses et passionnées : loin de s'en tenir au badinage, ils unissent réellement leurs lèvres, ressemblant à des amoureux impatients de satisfaire un désir qui les pressait depuis longtemps. Lorsque les convives les virent se tenir enlacés et marcher vers la couche nuptiale, ceux qui n'étaient point mariés firent le serment de se marier, et ceux qui l'étaient montèrent à cheval et volèrent vers leurs épouses, afin d'être heureux à leur tour (1).

La danse tenait aussi une grande place chez les anciens : elle était la partie la plus brillante et la plus voluptueuse des fêtes. Toujours très

(1) Xénophon, *Le Banquet*, ch. IX.

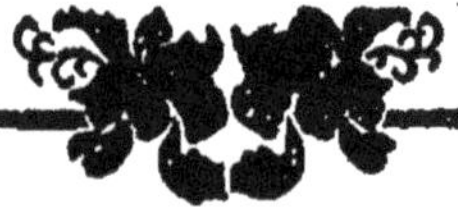

expressive, elle prenait souvent un caractère licencieux, et par ses mouvements lascifs aidait à l'excitation sensuelle. C'était : le *hormos*, que les vierges de Sparte, parées de leur seule beauté, dansaient mélangées avec les jeunes gens les plus lestes et les plus vigoureux ; l'*ionique*, que dansaient les Siciliens en l'honneur de Diane Chitonée et au milieu des coupes ; le *kallibas*, exercice des femmes, périlleux et lascif ; l'*apokinos*, danse libertine, remarquable par les onduleuses crispations, les convulsions aimables que les femmes nues imposaient à leurs reins agiles ; l'*aposésis*, dans laquelle la danseuse remuait les hanches avec une précise volupté et s'appliquait à prendre des attitudes érotiques ; l'*epiphallos*, où danseurs et danseuses se défient aux combats d'amour, s'enlacent, se pressent avec des contorsions et des cris finissant dans une orgie de bacchantes ; la *cordace*, des plus indécentes et lubriques ; le

konisalos, exercice dévergondé des jambes ; la *lamprotera*, dansée sans vêtements et sur des paroles excessivement libres ; la *magodè*, danse voluptueuse ; la *riknoustie*, trémoussement de tout le corps s'accompagnant du langage provoquant des regards ; le *mothon*, danse d'esclaves, où l'obscénité était portée à son comble (1).

Les plaisanteries érotiques provoquaient le petit frisson : « Conon a deux coudées, sa femme en a quatre. Quand ils sont au lit et que leurs pieds se touchent, examine un peu où va la bouche de Conon. » (2)

Et la défaillance d'un baiser devenait matière à élégie : « Moi qui jadis sacrifiais à Vénus cinq et même neuf fois consécutives, voici maintenant que j'ai de la peine à parfaire un

(1) Athénée. *Le Banquet*, XIV ; — Voir Chaussard *Fêtes et Courtisanes, de la Grèce*, t. III, 3e partie.

(2) Anthologie grecque : *Epigrammes comiques*. 108.

baiser, du début de la nuit au lever du soleil... O vieillesse, à quoi me destines-tu, si déjà je faiblis à ce point ? » (1)

Aussi, pour prévenir ces défaillances et rendre aux athlètes de Vénus leur première vigueur, les magiciennes de Thessalie composaient-elles des breuvages auxquels les Grecs donnaient le nom de *satyrion*. La base de ces préparations était les tubercules frais de l'*orchis-hircina*, que les magiciennes faisaient dissoudre dans du lait de chèvre, et donnaient aux vieillards épuisés pour rallumer en eux les feux de l'amour. Elles se plaisaient à conter qu'Hercule, ayant reçu l'hospitalité chez Thespius, avait, grâce à ce breuvage, défloré dans une nuit les cinquante filles de son hôte. Ainsi encore Proculus, ayant fait prisonnières cent jeunes vierges, les rendit toutes femmes en quinze jours. Un roi des Indes ayant envoyé

(1) Anthologie grecque : *Epigrammes comiques*, 30.

à Antiochus une plante de l'espèce des satyrions, Théophraste assure que l'esclave chargé de ce végétal offrit de suite soixante-dix sacrifices à Vénus. Les magiciennes employaient aussi, au même usage, la bergeronnette, dont les mouvements sont vifs et animés. Elles l'attachaient à une roue qu'elles faisaient tourner avec une très grande rapidité et en chantant des chansons érotiques. (1)

Faut-il s'étonner, après tout cela, que l'habileté professionnelle des courtisanes, leur science du baiser fût si haut prisée chez les anciens, friands de voluptés, de libertinage, d'obscénité même ? Ne voyons-nous pas Bdélycléon, désireux de se gagner Philocléon, lui promettre mille choses, et surtout une courtisane qui lui frottera les reins et le priape *(quae*

(1) Théophraste : *Histoires* IX, 9 ; — Xénophon : *Mémoires sur Socrate*, III, 11 ; — Voir C. Famin : *Peintures, bronzes et statues érotiques formant la collection du cabinet secret du Musée royal de Naples*. Paris, 1832.

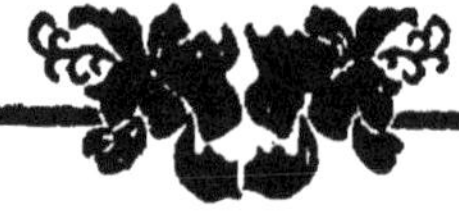

penem et lumbosque fricabit) ? Aristophane a raillé cette passion, et il en a donné une expression significative lorsqu'il a cité les deux courtisanes Salabaccha et Nausimacha, en les déclarant supérieures à deux généraux athéniens ; et aussi lorsque, dans les *Grenouilles*, Eschyle reproche à Euripide d'imiter dans sa poésie les douze postures de Cyrène. Cette dernière, en effet, s'acquit une grande réputation et le surnom fameux de *Dôdékamèchanon* (aux douze attitudes) parce qu'elle affichait et justifiait la prétention de connaître et de réaliser douze postures différentes du baiser de volupté (1).

Il avait même plu aux anciens de classer les femmes des différentes régions de la Grèce d'après le genre de volupté qu'elles préféraient ou pratiquaient le plus savamment. Les Corinthiennes n'avaient pas de spécialités, ou plutôt

(1) Suidas, *Lexicon* : *Dôdékamèkanon* ; — Aristophane, *Grenouilles* ; — *Thesmophories*.

elles les avaient toutes ; fameuses pour la souplesse de leurs reins et l'élasticité de leurs mouvements, elles multiplient les plaisirs de l'homme qui les a choisies, en lui abandonnant toutes les parties de leur corps qui peuvent lui procurer des sensations nouvelles. Aussi, dans la langue grecque, *korinthiadzein* est-il devenu synonyme de forniquer.

Les Phéniciennes, disait-on, se peignaient les lèvres pour imiter l'entrée du vrai sanctuaire de l'Amour ; elles enduisaient ensuite de miel le priape de ceux qu'elles voulaient fêter, le tétaient avec ardeur, lubréfiaient la peau fine qui l'enveloppe et leur salive imprégnée du suc attirait des flots d'amour.

Les Lesbiennes s'adonnaient avec passion au même exercice qu'elles passent pour avoir inventé. Elles préféraient toutefois plonger leur langue dans les appas secrets des jeunes filles et obtenir d'elles le même baiser. Les plus

vicieuses, nommées tribades, empruntaient aux Milésiennes un priape postiche en cuir qu'elles désignaient sous le nom d'*olisbon*, simulant ainsi le baiser bi-sexuel.

Les Syphniassiennes (de l'île de Siphnos), savaient, avec dextérité, caresser profondément de leurs doigts souples les parties les plus secrètes de leurs amants.

Les Chalcidisseuses faisaient servir aux voluptés du baiser des enfants aux gestes innocents, à la peau blanche, aux mains potelées ; elles partageaient ce vice répugnant avec les Chalcidisseuses, dont le nom provient d'une ville inconnue (1).

La science précise des attitudes du baiser eut, d'autre part, en Aristophane un vulgarisateur d'une verve peu timorée. Sous prétexte

(1) Suidas, *Lexicon : Korinthiadzein ; — Lesbiadzein ; — Siphniadzein ; — Phikididzein ; — Pholkinidzein ; — Kalkididzein ; —* Aristophane, *Lysistrata ; —* Potter, *Archæologia Græca*, Leyde 1702, IV, 12.

de moraliser, le poète comique expose crûment les tableaux les plus réalistes, qui valent pour nous des documents vécus. Nous en avons cueilli quelques-uns au cours de ces études ; en voici un nouveau qui nous paraît plus particulièrement exact et complet, en ce qu'il comprend à peu près en entier les différentes formes que peut revêtir la recherche des voluptés charnelles.

Dans un passage de la *Paix*, Trygée s'exprime en ces termes avec une équivoque obscène, où Théoria est considérée sous un double point de vue, comme fête sacrée et comme courtisane : « Sénat, Prytanes, regardez Théoria, et voyez quels biens précieux je remets en vos mains. Hâtez-vous de lui lever les deux jambes en l'air et d'immoler la victime. Admirez la belle cheminée (le sexe de Théoria) ; elle est tout enfumée ; car c'est ici qu'avant la guerre le Sénat faisait sa cuisine. Maintenant que vous

avez retrouvé Théoria, vous pourrez dès demain célébrer les jeux les plus charmants, lutter contre elle à terre ou à quatre pattes, la coucher sur le côté, vous tenir à genoux inclinés devant elle, ou frottés d'huile engager vaillamment la lutte du pancrace et labourer votre adversaire à coups de poing et de queue.

« Le lendemain vous célébrerez des courses équestres où les cavaliers chevaucheront côte à côte, où les attelages des chars, renversés les uns sur les autres, soufflant et hennissant, se rouleront, se bousculeront à terre, tandis que d'autres rivaux précipités de leurs sièges tomberont écorchés près du but (1). »

C'est encore Aristophane qui nous a présenté à diverses reprises le débauché Ariphrade, cunnilinge fameux, célèbre à Athènes par son libertinage spécial : Ariphrade se plaît dans le vice ; ce n'est pas seulement un homme dissolu, gan-

(1) Aristophane, *La Paix*.

grené, mais il a inventé un nouveau genre de débauches. Il souille sa langue par de honteuses voluptés en la plongeant dans les parties secrètes de la femme, même au moment où elles sont humides de menstrues ou de tout autre humeur(1).

Le Timarque de Lucien, sous le nom duquel est déguisé peut-être le sophiste Polyeucte, n'est guère plus recommandable. Il s'est livré tout jeune à un soudard éhonté qui l'a corrompu et fait servir à toutes ses passions. En fait de turpitudes, on se souvient de l'avoir vu à genoux devant un jeune homme, occupé à faire ce qu'on devine. Sa langue même lui reproche de la faire servir aux plus honteux emplois, aux actions les plus abominables. Foulée, souillée de toutes les manières, il faut encore que de langue elle devienne main et se

(1) Aristophane. — *Les Chevaliers*. — Voir le traité précis de Forbeg : *De figuris Veneris*.

trouve inondée d'impuretés. Aussi lorsqu'il voulut se marier à Cyzique, celle qu'il songeait à épouser, édifiée sur ses mœurs, s'écria : « Je ne veux pas d'un mari qui lui-même en a besoin (1). »

Y a-t-il mieux, d'autre part, comme libertinage, que ce pseudo-précepte du baiser conjugal ? « Si ta femme est enceinte, dit-il à l'époux, ne lui donne pas le baiser dans la position normale : elle aurait beau « ramer », tu serais secoué et tu te perdrais dans le gouffre. Bien plutôt retourne-la sur elle-même et jouis de ses f... de roses, tout comme si ton épouse était un bel enfant (2). »

Enregistrons enfin quelques affirmations féminines d'un cynisme désarmant : Lydé se faisait fort de satisfaire trois amants à la fois, l'un devant, l'autre derrière, le troisième avec

(1) Lucien. — *Le pseudologiste*, passim.

(2) Anthologie grecque : *Epigrammes érotiques*, 54.

ses lèvres : « *Admitto, inquit, paediconem, mulierosum, irrumatorem.* » (1)

De même Nicarque, Hermogène et Cléobule se partageaient simultanément le corps d'Aristodice, chacun d'eux jouissant d'une ouverture : Nicarque du sexe, Hermogène du « siège des vents malodorants », et Cléobule de la bouche. (2)

A la poursuite du plaisir les sens s'émoussent, et les débauches invertissent la nature, « détournant la chair de sa voie ». Les femmes se livrent aux caresses infécondes des femmes.

Cet anti-amour s'est personnifié, pour la postérité, dans la figure de Sapho la Lesbienne.

Très favorablement placée sur la route des colonies grecques de l'Asie-Mineure, Lesbos

(1) Anthologie grecque : *Epigrammes érotiques*, 49.
(2) Anthologie grecque : *Epigrammes comiques*, 328.

devint, comme disaient les Anciens, un « séminaire de courtisanes ». Les plus jolies femmes étaient élevées en commun dans des sortes de collèges ou de couvents où on les formait, par tous les arts, à l'art unique de l'amour, où, par tous les procédés et les raffinements imaginables, on les aiguisait pour la volupté ; si bien que, parmi les présents qu'Agamemnon fait offrir à Achille, il cite avec complaisance « sept femmes habiles dans les beaux ouvrages, sept Lesbiennes qu'il avait choisies pour lui-même, et qui remportèrent sur toutes les autres femmes le prix de la beauté. » (1)

Sapho, de Mitylène, devenue veuve d'un riche habitant de l'île d'Andros, fonda une école de poésie et de rhétorique, qui ne conserva pas longtemps le caractère de sérénité convenant à cet enseignement. « Dans la vie intime avec ces vierges intelligentes, Sapho prit

(1) Homère, *Iliade*, IX, 128-130.

le goût de l'amour particulier qui a depuis porté le nom d'amour lesbien. Ses élèves devinrent ses amies, et ses amies se changèrent en amantes. » Ce furent Andromeda, Erinne, Anactoria, Telesippa, Megara, Atthis, Cydno, vierges de Lesbos, Eunica de Salamis, Anagara la Milésienne, Damanilè la Pamphilienne, Gongyla de Colophon.

Plusieurs critiques ont tenté vainement de laver Sapho de cette souillure ; mais l'ode à son amie, inconnue de nous, et que nous reproduisons dans l'*Anthologie* qui termine ce volume, est un chef-d'œuvre de passion hystérique, et Longin la donne comme un exemple d'expression de la fureur amoureuse.

Horace qualifie la Lesbienne de « mascula » (mâle), et Lilio Gregorio Giraldi, dans un de ses dialogues, dit qu' « elle s'abandonna à toutes sortes d'amours, au point qu'elle fut connue sous le nom de tribade. » On dénom-

8

mait ainsi les femmes chez qui le clitoris avait tellement cru qu'elles pouvaient s'en servir comme d'un membre viril pour le baiser. (1)

La nature avait, dit-on, ébauché pour elle l'organe du sens dont elle usurpa les plaisirs. Tour à tour on la vit chercher, recevoir et créer leurs illusions (2).

La mort de Sapho peut ressembler, pour un moraliste facile, à un châtiment : la Lesbienne meurt d'amour pour Phaon, pour un homme ! La nature se venge, est-on tenté de philosopher.

Que Sapho ait inventé ou non cette « nouvelle manière d'aimer », elle eut le plus grand succès chez les femmes enfermées, vivant entre elles dans une promiscuité énervante et souvent lassées du professionnel amour masculin. Chez

(1) Voir le traité précis de Forberg : *De figuris Veneris.*

(2) Voir Bayle, *Dictionnaire philosophique*, art. *Sapho*; Poinsinet de Sivry, *Théâtre et œuvres diverses*, Paris 1763, p. 70.

les dictériades, c'était une véritable passion. De même chez les joueuses de flûte et les danseuses, dont les attouchements réciproques excitaient la sensualité. Ainsi Ioessa, voulant se venger de la trahison de son amant Lysias, fait partager sa couche à sa compagne Pythias (1). Ainsi les Samiennes Bitto et Nannium ne veulent pas aller au temple de Vénus pour y obéir à ses lois. Elles s'abandonnent à d'autres voluptés qui ne sont pas légitimes (2).

Ces passions se développaient encore dans des fêtes célébrées entre courtisanes, les *Aloa*, où les débauches se faisaient sous l'invocation de Vénus Peribasia (aux jambes écartées). Les festins donnés à ces occasions, dits callipyges, étaient des prétextes à des concours de beauté, comme celui dont le rhéteur Alciphron nous a transmis le tableau précis, et qui sans doute

(1) Lucien. *Dialogues des courtisanes*, XII.
(2) Anthologie grecque. *Epigrammes érotiques*, 107.

servaient d'entr'actes aux débauches les plus intimes (1).

Quant au vice unisexuel masculin, quelques écrivains ont tenté de l'expliquer, sinon de l'excuser, chez les Grecs par la beauté même des hommes de l'Attique. Aucune nation, parmi les Grecs, ne produisait des hommes d'une si grande beauté que les Athéniens. Platon parle avec enthousiasme de Démus et de Charmide : on voyait le nom du premier écrit sur tous les portiques de la ville et sur les façades de toutes les maisons, pour transmettre à la postérité la mémoire d'un mortel si accompli. Xénophon et Critias, disciples de Socrate, éclipsaient la jeunesse la plus florissante de la Grèce (2). Alcibiade conserva tout l'éclat d'une beauté resplendissante, les belles proportions et l'heureuse

(1) *Lettres du rhéteur Alciphron*, t. XXXIX ; voir l'Anthologie à la fin de ce volume.

(2) De Pauw. *Recherches philosophiques sur les Grecs*, t. I p. 107.

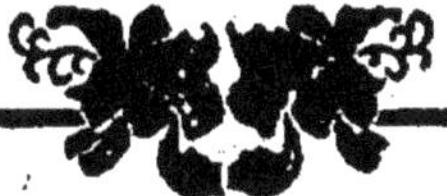

constitution de son corps, dans son enfance, dans sa jeunesse et dans son âge viril : il fut séduisant à toutes les périodes de sa vie (1).

Pour satisfaire cette passion de la beauté masculine et pour l'exploiter profitablement, tous les jours, à Athènes et à Corinthe, les marchands d'esclaves amenaient de beaux jeunes garçons, achetés souvent fort cher ; on leur donnait dans la maison l'emploi des concubines. L'honnêteté publique et la pudeur conjugale ne s'en indignaient point. Les jeunes citoyens qui, comme Alcibiade, excitaient beaucoup de ces passions ignobles, étaient honorés ; ils occupaient la première place dans les jeux, portaient des habits d'étoffe précieuse qui les faisaient reconnaître et recueillaient sur leur passage l'éclatant témoignage de l'immoralité publique (2).

(1) Plutarque : *Alcibiade*, I.
(2) Dufour. *Histoire de la prostitution*, t. I, p. 213.

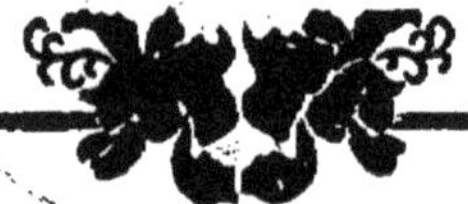

L'origine de la pédication se perd dans la nuit des temps ; on la retrouve à peu près partout. Cette passion fut fort commune à Ténédos et dans d'autres villes de la Grèce, les mieux policées. Ainsi les Chalcidiens d'Eubée y sont fort adonnés, et le mot *Chalkididzein* s'appliquait à l'amour des enfants (1).

En Crète, les enfants que l'on aime sont très considérés : c'est à qui y enlèvera plutôt qu'un autre des enfants mâles. C'est même un déshonneur, pour un beau garçon de n'être pas aimé.

Si l'on en croit Timée, c'est de Crète que cet amour passa d'abord en Grèce.

Les Celtes qui, de tous les Barbares, ont les plus belles femmes, préfèrent l'amour des garçons; de sorte que plusieurs en ont souvent deux couchés avec eux sur les peaux où ils reposent.

Alexandre était extrêmement passionné à cet

(1) Suidas. Lexique : *Chalkididzein*. Voir le traité précis de Forberg : *De figuris Veneris*.

égard. Dicéarque rappelle qu'Alexandre offrant un sacrifice à Ilion, et ayant conçu un violent amour pour l'eunuque Bagoas, il le baisa en présence de milliers de spectateurs.

Talon aime Rhadamante le Juste ; Hercule fut l'objet de la passion d'Eurystée. Agamemnon prit Argynne pour Mignon après l'avoir vu nager dans le Céphise. Aristoclès le Citharède fut celui du roi Antigonus.

A Mégare, les plus grands honneurs étaient réservés aux beaux garçons, appelés à se mesurer en des concours de baisers. Dans ces jeux, on distribuait aussi un prix à celui qui, colorant le mieux cette passion, en faisait mieux sentir les agréments et les charmes.

Le poète Sophocle aimait les jeunes garçons; et, loin de cacher son vice, il se plaisait à user de stratagèmes habiles pour embrasser devant tous les convives les jeunes échansons lorsqu'ils étaient séduisants.

Théopompe raconte qu'Odomarque ayant joui du fils de Pythodore de Sicyone, fort beau jeune homme, lorsqu'il vint à Delphes consacrer sa chevelure (comme le faisaient les jeunes gens à leur entrée dans la puberté), lui donna quatre petites étrilles d'or servant à déterger la peau après le bain, consacrées autrefois par les Sybarites, et qui avaient été enlevées du temple (1).

Aristote fut épris des charmes de son disciple Théodecte. Socrate, surnommé « sanctus pederastes », fut amoureux d'Alcibiade, lequel menait la vie la plus voluptueuse et passait des journées entières dans la débauche et les plaisirs les plus criminels. Habillé d'une manière efféminée, il paraissait sur la place publique traînant de longs manteaux de pourpre. Il faisait d'ailleurs cyniquement parade de ses vices

(1) Athénée, *Le Banquet*, XI, 4 ; — XIII, 8 ; — Bret, *Lycoris ou la Courtisane grecque*, Amsterdam 1746, p. 34.

monstrueux, et il fut convaincu d'avoir, dans une partie de libertinage avec ses amis, mutilé les hermès de lubrique manière, et contrefait les mystères ; Théodore y faisait les fonctions de héraut ; Polytion, celles de porte-flambeau ; Alcibiade, celles d'hiérophante ; les autres étaient les initiés ou les mystes, servant également Bacchus et Priape (1).

Pour laisser un témoignage public de corruption, Alcibiade s'était fait peindre, pour ainsi dire, sous ses deux faces : nu et recevant la couronne aux jeux olympiques ; nu et encore vainqueur sur les genoux de la joueuse de flûte Néméa (2).

Le vice était très répandu, même dans la classe des Athéniens distingués. Aristophane ne leur a pas ménagé les traits de sa mordante satire. Ici Bacchus parle de Clisthène l'orateur

(1) Plutarque, *Alcibiade*, XVIII, XXIII.

(2) Dufour. *Histoire de la prostitution*, I p. 215.

comme d'un navire ou d'une prostituée que l'on « monte ». Complètement imberbe, il ressemblait à un eunuque et se livrait à toutes les prostitutions; plus loin, c'est le poète comique, Cratinus qui se rase à la mode des pédérastes, qui s'arrache les poils du derrière et se déchire les joues sur le tombeau d'un amant. Là Agoracitus, désireux de récompenser le peuple, lui donne un jeune garçon aux f... bien taillées (*coleatum*), et qu'il pourra employer à tous services. Voici le poète tragique Agathon, appelé Cyrène, du nom d'une courtisane aux mœurs dissolues, qui est accusé de se livrer aux pédérastes (*pædicari*), de s'agiter pour eux en mouvements lubriques (*clunem agitare*) ; sa robe même couleur de safran, exhale une suave odeur de membre viril. Et Pisthétérus, bâtisseur de la cité de rêve, s'écrie : « Je veux une ville où le père d'un beau garçon m'arrête dans la rue et me dise d'un air de reproche, comme si je lui

avais manqué : Ah ! c'est bien agir, Stilbonide ! tu as rencontré mon fils qui revenait du bain, après le gymnase, et tu ne lui as pas parlé, tu ne l'as pas embrassé, ni emmené, tu ne lui as pas caressé les parties *(neque testiculos attrectasti)*. Dirait-on que tu es un vieil ami ? »

Ce genre de débauches était particulièrement reproché aux orateurs ; c'est l'école où ils se forment, où ils forment leurs élèves, dit Aristophane. Athénée ajoute qu'ils mènent au Lycée leurs mignons rasés en haut, épilés par le bas. Les maîtres de rhétorique exigeaient pour prix de leurs leçons des complaisances infâmes. Dans les *Grenouilles*, Eschyle reproche à Euripide d'avoir enseigné le verbiage, à la suite de quoi les palestres ont été désertées, et les jeunes gens se sont prostitués *(quæ res culos contrivit adolescentulorum)*. De même Lucien nous présente le jeune Clinias, amant de Drosé, détourné de sa maîtresse par un infâme philosophe, un

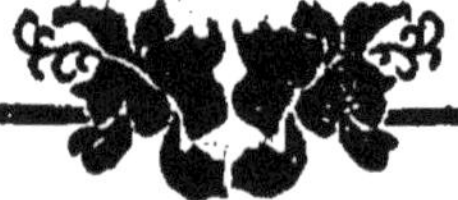

certain Aristénète, un pédéraste qui, sous prétexte de philosophie, vit avec les plus jolis garçons et leur lit les dialogues érotiques des anciens philosophes (1).

Les pédérastes avaient pour la beauté de leurs mignons des sollicitudes infinies : « Pour les joues, il faut qu'elles soient nues et qu'aucun nuage, aucun brouillard ne vienne en obscurcir l'éclat. Des yeux fermés ne sont pas agréables à voir ; il en est de même des joues d'un beau visage, lorsqu'elles sont couvertes de poils. Emploie les onguents ; sers-toi de petits rasoirs ou de l'extrémité de tes doigts ; use de savon ou bien d'herbes ; enfin, de tout ce que tu voudras, mais fais en sorte de prolonger ta beauté. »

Et la jalousie, parmi ces amoureux invertis, revêt une forme aussi passionnée que dans l'amour naturel : « Je te salue, bien que tu ne

(1) Athénée, *Le Banquet*, XIII, 2 ; Aristophane, *Les grenouilles* ; *Les Acharniens* ; *Les Chevaliers* ; *Plutus*, ; *Les Thesmophories* ; *Les oiseaux* ; Lucien. *Dialogues des courtisanes*, X.

le veuilles pas ; je te salue, bien que tu ne m'écrives point, toi, dont la beauté, accessible à d'autres, est pour moi seul pleine de fierté. Non, tu n'es pas fait de chair et de tout ce qui compose le corps humain, mais d'un mélange de pierre, de diamant et d'eau du Styx. Puissè-je te voir bientôt avec une barbe naissante, assiéger à ton tour la porte d'autrui !...

« Tu m'as bien l'air plutôt d'être un Scythe ou un barbare et d'arriver des régions où les autels sont si inhospitaliers. Tu peux alors suivre la coutume de ta patrie ; et si tu ne veux point écouter qui t'adore, prends une épée. Tu n'as rien à craindre. Ta victime ne cherchera pas même à se défendre. Une blessure de toi, ce serait le comble de ses vœux (1). »

Encore est-il que tous ces baisers, pour libertins qu'ils soient, sont donnés et reçus par des êtres humains. Mais que dire de la passion

(1) *Lettres galantes d'Aristénète*, 19, 41, 61.

d'une femme pour un âne dont elle paie d'une très forte somme les caresses durant une nuit. Laissée seule avec son amant aux longues oreilles, elle se déshabille et, toute nue, se parfume ainsi que son âne ; puis, le couvrant de baisers, elle l'attire sur le lit. Après l'avoir excité par mille caresses amoureuses, elle se glisse sous le ventre de l'animal, l'enlace, et se soulevant le reçoit tout entier en elle. Insatiable de voluptés, elle employa des nuits entières à cet exercice. Et le jour où cet âne, grâce à une métamorphose, a pris la forme humaine qu'il avait perdue à la suite d'une malsaine curiosité, il va retrouver son amoureuse, et, tout fier de lui, se met à nu, sûr de son effet. Mais elle le renvoie avec mépris. « Par Jupiter, dit-elle, ce n'est pas de toi, c'est de l'âne que j'étais amoureuse ; c'est avec lui et non avec toi que j'ai couché. Je pensais que tu avais conservé le bel et grand échantillon qui distinguait mon âne.

Mais je vois bien qu'au lieu de ce charmant et utile animal, tu n'es plus, depuis ta métamorphose, qu'un singe ridicule. » (1).

Quelque désir que nous ayons de ne pas nous attarder à ces sortes d'aliénations sexuelles, nous devons, pour être complets, rappeler quelques attentats contre nature transmis par des écrivains dignes de foi.

C'est encore Lucien qui nous conte l'aventure d'un jeune homme distingué tombé éperdument amoureux de la statue de la Vénus de Cnide. Un soir il se cache dans le temple, où il est enfermé, à l'insu des prêtresses. Le lendemain on découvrit des vestiges de ses embrassements amoureux, et la déesse portait à la cuisse une tache comme un témoin de l'outrage qu'elle avait subi. Quant au coupable, il disparut pour toujours. (2).

(1) Lucien, *Lucius ou l'âne*, 51, 56.
(2) Lucien, *Les Amours*, 15, 16.

Athénée cite deux exemples analogues :

Clisophe, devenu amoureux d'une statue de marbre de Paros, s'enferma dans le temple de Samos, où elle était, pour en jouir ; mais ne le pouvant pas, vu le froid et la dureté de la pierre, il se retira pour aller chercher un morceau de chair, qu'il y appliqua par devant, et se satisfit.

Polémon dit qu'il y avait dans la galerie des tableaux de Delphes deux enfants de pierre. Certain Théore ayant conçu la plus vive passion pour l'une de ces statues, s'enferma avec elle et laissa une couronne pour prix de sa jouissance. (1)

(1) Athénée. *Le Banquet*, XIII, 8.

Le Baiser dans les arts

9

CHAPITRE V

Le Baiser dans les arts

La représentation de Priape. — La médaille de Lesbos. — La main phallique. — La Vénus de Gnide. — Eros hermaphrodite. — L'Aphrodision : galeries licencieuses.

Non seulement les auteurs anciens s'exprimaient librement sur des sujets pour lesquels nous avons inventé la pudeur, mais encore les peintres et les sculpteurs ne gardaient aucune retenue à cet égard. Trop près de la nature pour considérer déjà l'instinct sexuel comme

chose honteuse, les Grecs, loin d'attacher une idée libertine à la représentation de l'organe de la génération, lui donnaient la plus haute signification symbolique. Nous n'en voulons pour preuve que le bronze célèbre que Benoît IV fit entrer au Vatican au xe siècle : il représente le membre viril placé sur la tête du coq, emblème du soleil, porté sur le cou et les épaules par un homme ; c'est le pouvoir générateur de l'Eros. Et l'inscription du piédestal est des plus significatives, le Priape y étant dénommé « Sauveur du monde ».

Les Grecs ne répugnaient pas davantage à la représentation symbolique de la lascivité sous la forme de groupes rappelant plus ou moins directement le culte physiologique des Egyptiens pour le bouc de Mendès. Dans l'une de ces sculptures le bouc est passif, assailli lui-même par un être mythologique, faune ou satyre.

Pan lui-même était représenté se versant de l'eau sur les organes sexuels afin de fortifier le pouvoir créateur actif avec l'élément prolifique passif.

On trouve encore dans les anciennes sculptures certains êtres androgynes, possédant les organes des deux sexes. L'un d'eux est représenté endormi, avec les organes sexuels recouverts, et l'œuf du chaos brisé dessous. Sur l'autre côté, Bacchus le créateur, portant une torche, emblème du feu éthéré, la penche sur la figure endormie, pendant qu'un de ses agents semble attendre son ordre pour commencer l'exécution d'un office dont, selon des signes extérieurs très visibles, il s'acquittera avec énergie et succès. (1)

Dans un spécimen de sculpture rapporté de l'île d'Elephanta, se trouvaient plusieurs figures

(1) Richard Payne Knight. *Le culte de Priape*, p. 17 sqq ; pl. II, fig. 3 ; pl. VII ; pl. V, fig. 1, 3.

de très haut relief : la principale est celle d'un homme et d'une femme exerçant mutuellement sur leurs organes respectifs une action énergique, emblème sans doute des pouvoirs actifs et passifs de la génération s'entr'aidant mutuellement. (1)

Mais voici un témoignage plus précis encore du culte sincère du baiser. Sur une gemme antique, une femme nue apporte à l'autel de Priape, et des deux mains, un nombre respectable de phallus : c'est l'expression matérielle d'une reconnaissance émue au dieu auquel elle doit des minutes précieuses. (2)

Dans l'île de Lesbos l'acte générateur était une sorte de sacrement, ainsi qu'en témoigne la devise des médailles. Un mâle arc-bouté sur ses deux jambes, le phallus en érection, soulève une femme nue dont il a passé les deux jambes

(1) Richard Payne Knight. *Le culte de Priape*, pl. XI.

(2) Richard Payne Knight. *Le culte de Priape*, pl. III, fig. 3.

de chaque côté de son corps. Les figures, quelque peu bestiales, sont mystiques et allégoriques. Le mâle a un mélange du bouc dans sa barbe et dans ses traits, et doit représenter Pan, pouvoir générateur de l'Univers ; la femme a l'ampleur et la plénitude qui caractérisent la personnification des pouvoirs passifs. (1)

Une médaille phénicienne nous a conservé la représentation du geste obscène dit « la figue » ou main phallique. C'est une amulette de temps immémorial. Les anciens avaient deux formes de cette main. L'une étendait le doigt du milieu, gardant le pouce et les autres doigts repliés sur eux-mêmes; l'autre avait toute la main fermée, mais le pouce était passé entre l'index et le médium.

La première de ces formes est la plus ancienne : l'extension du médium y représente

(1) Richard Payne Knight. *Le culte de Priape*, p. 82 ; pl. LX, fig. 8.

celle du membre viril, et les doigts repliés de chaque côté sont les testicules.

Aussi les Grecs nommaient-ils le médium *katapugôn* (adonné aux plaisirs vénériens), faisant allusion à des pratiques honteuses, moins cachées alors qu'aujourd'hui. Montrer la main dans cette forme s'exprimait en grec du mot *skimalidzein*, qui signifie primitivement enfoncer le médium au derrière des poules pour voir si elles vont pondre, et qui en est venu à désigner les caresses profondes aux hanches des femmes. Ce geste était considéré comme une insulte méprisante, désignant la personne indiquée comme adonnée aux vices anti-naturels.

Néanmoins, il était un véritable talisman contre les influences malfaisantes et, figuré en pierreries, il était suspendu au cou ou aux oreilles des femmes. Au musée secret de Naples se trouvent des spécimens de semblables amulettes sous forme de deux bras joints par le

coude ; l'un d'eux est terminé par la tête d'un phallus, l'autre possède une main phallique (1).

Le nombre des Vénus figurées en marbre dans les diverses villes de la Grèce était considérable. La plus remarquable était celle érigée à Gnide, dite ville de Vénus, et où on rencontrait tout naturellement des figures lascives de terre cuite. La statue, ouvrage de Praxitèle, était en marbre de Paros, et de la plus parfaite beauté. Phryné avait servi de modèle à l'artiste. « Sa bouche s'entr'ouvre par un gracieux sourire, ses charmes se laissent voir à découvert, aucun voile ne les dérobe ; elle est entièrement nue, excepté que de l'une de ses mains elle cache furtivement son sexe. » Le temple a une seconde porte pour ceux qui veulent contempler la beauté postérieure de la déesse (1).

(1) Richard Payne Knight, *Le culte de Priape*, p. 118, pl. II, fig. 1 ; Voir C. Famin, *Peintures, bronzes et statues érotiques formant la collection du cabinet secret du Musée royal de Naples*. Paris, 1832.

(1) Lucien, *Les Amours*, 11, 13.

A Myrina, ancienne ville grecque d'Eolie, fut découverte, en 1870, une vaste nécropole que les membres de l'Ecole française d'Athènes fouillèrent de 1880 à 1883, pour en retirer quantité de terres cuites, parmi lesquelles :

Une *scène nuptiale*. Le jeune homme se penche comme pour saisir sous les bras sa compagne, chastement enveloppée sous de longs voiles qui recouvrent sa tête. C'est l'épisode du « dévoilement », le premier acte de la soirée des noces, quand les époux se retrouvaient seuls.

Une danseuse jouant des crotales : La *crotalistria* se livre à un mouvement violent, dont l'effet est augmenté par la transparence de la tunique, serrée autour du torse qui semble se dégager nu de l'himation. Cette figurine a un déhanchement sensuel très caractéristique.

Aphrodite assise sur un bouc. Cette statue en bronze, œuvre de Scopas, se trouvait dans

l'enceinte d'un temple élevé à Elis. On la nommait *Aphrodite Pandemos*, ou Vénus populaire.

Eros hermaphrodite dansant, figurine destinée à être suspendue. « Dans l'aspect androgyne de ces représentations d'Eros, il faut se garder de voir un souvenir des vieilles conceptions de l'art oriental, ni même le type proprement dit de l'Hermaphrodite, qui ne se développa qu'assez tard en tant que création indépendante et prit facilement un caractère licencieux. Ce qui nous paraît étrange dans le type d'Eros hermaphrodite est précisément ce qui choque les idées modernes dans quelques dialogues de Platon : l'assimilation de la beauté virile à la beauté féminine, les hommages adressés à celle-là qui ne nous semblent convenir qu'à celle-ci. Pas plus que Phèdre ou Charmide, l'Eros de Praxitèle n'est hermaphrodite : il est beau de la double beauté de l'homme et de la femme; c'est le chef-d'œuvre, ce n'est pas une erreur de la

nature. Mais une pente rapide conduit des jeunes dieux de Praxitèle aux représentations sensuelles de l'Hermaphrodite. L'influence des religions orientales, à la fois mystiques et grossières, et surtout la décadence des mœurs, dénaturèrent l'idéal que la civilisation athénienne avait conçu. L'hermaphroditisme ne fut plus la synthèse de deux beautés, mais celle de deux sexes. » (1)

Nous savons aussi, par des indiscrétions d'écrivains anciens, que chez les Grecs nombre de maisons comprenaient un réduit consacré uniquement au culte de Vénus. Les Grecs le nommaient *Aphrodision*, et l'on y a retrouvé des peintures érotiques. L'usage des images obscènes était d'ailleurs fréquent dans l'antiquité : les Grecs appelaient ces peintures lascives des *grylli*

(1) *Ecole Française d'Athènes : La Nécropole de Myrina*, par E. Pottier et S. Reinach. Paris 1887 ; t. I, p. 293 sqq. ; pl. VI, 2, XII, 2 ; XIV, 1, 2 ; XV, 1 ; XXXIV, 2 ; XL, 3, 4.

(bamboches, saletés), de *grullos* qui signifie « pourceau ». Les peintres Polygnote et Parrhasius sont cités par Pausanias et Pline comme ayant excellé dans ce genre de composition. Zeuxis, Philoxène, Apelles même s'amusèrent à des gravures priapesques.

Suétone conte que quelqu'un ayant légué à Tibère un tableau de Parrhasius « où Atalante prostitue sa bouche à Méléagre », et le testament lui donnant la faculté, si le sujet lui déplaisait, de recevoir à la place un million de sesterces (193.750 fr.), il préféra le tableau et le fit mettre dans sa chambre à coucher. (1)

Une peinture d'Aétion, proposée par Lucien comme modèle au style gracieux, représentait les noces d'Alexandre et de Roxane. Dans une chambre magnifique est un lit nuptial : Roxane y est assise; c'est une jeune vierge d'une beauté

(1) Pline, *Histoire naturelle*, XXXV, 10; Suétone, *Tibère*, 44; C. Famin, *Peintures, bronzes et statues érotiques du Musée royal de Naples*.

parfaite. Elle regarde à terre, toute confuse de la présence d'Alexandre; une troupe d'Amours voltige en souriant. L'un, placé derrière la jeune épouse, soulève le voile qui lui couvre la tête, et montre Roxane à son époux. Un autre, esclave empressé, délie la sandale comme pour hâter le moment du bonheur; un troisième saisit Alexandre par son manteau et l'entraîne de toutes ses forces vers Roxane (1). Ce dernier geste s'explique par l'hostilité avérée d'Alexandre pour le baiser vénérien (2).

Ces sortes de compositions devinrent si licencieuses et se multiplièrent à un tel point que les poètes se plaignirent de la dissolution des peintres. Les femmes de la Grèce, agitées d'un côté par les vapeurs des vins les plus violents dont elles étaient friandes, et de l'autre, par la vue de tant d'objets propres à irriter les sens,

(1) Lucien, *Hérodote ou Aétion*, 5.
(2) Voir chap. III.

ne pouvaient que difficilement conserver quelque empire sur elles-mêmes. (1)

Nous avons fort peu de documents précis, hors de ceux dont nous avons parlé et qui ont plutôt trait au culte public du baiser. Pour ce qui est des peintures ou sculptures érotiques et lascives appartenant aux galeries particulières, nous en sommes réduits à les deviner, surtout d'après les exemplaires retrouvés des galeries artistiques romaines, qui devaient pour la plupart imiter l'art grec ou s'en inspirer. Nous pourrons, au moment où nous étudierons le baiser chez les Romains, décrire, non sans quelque précaution verbale, les pièces d'un cabinet secret qui constitueraient le plus complet des *aphrodisions*.

Cependant un recueil, attribué au savant d'Hancarville, prétend reproduire un certain nombre de ces tableaux où les anciens se plai-

(1) De Pauw, *Recherches philosophiques sur les Grecs*, t. II, p. 89.

saient à figurer les formes variées et séduisantes du baiser. Nous nous garderions d'affirmer la véracité du document; nous serions plutôt tentés, après bien d'autres, de le déclarer controuvé. Mais la vraisemblance y est habilement sauvegardée : c'est notre excuse. Nous n'en aurions d'ailleurs aucune de passer sous silence une pareille tentative de reconstitution. Nous ne signalons ici que les sujets se rapportant plus directement aux mœurs grecques; les sujets romains viendront à leur tour. Chacun des tableaux représentés est accompagné d'un court commentaire, que nous reproduisons, autant que faire se pourra.

N° 12. — « Bizarrerie qu'une femme n'avoue pas, et qui montre l'ancienneté du goût peu orthodoxe reproché aux Grecs et aux Etrusques. » La gravure représente une scène de pédication où la femme est naturellement « cinède ».

N° 28. — « Echantillon de la gymnastique

des anciens; les filles de Sparte s'y exerçaient comme les hommes. » Un jeune homme a soulevé une femme, laquelle croise les jambes dans son dos, tandis qu'il la pénètre.

2me Partie, n° 4. — « Sacrifice au dieu des jardins. Le prêtre qui joue de la double flûte est un de ceux que Sidoine Apollinaire appelle *mystae*, parce qu'ils servaient également Priape et Bacchus. Hérodote les nomme *phalliphori*, ou porte-priapes, parce que dans les processions ils portaient le symbole du dieu de Lampsaque. »

N° 12. — « Festus dit qu'avant de mener les jeunes mariées à leurs époux on les conduisait dans un temple de Priape et on les asseyait sur son sexe proéminent. Cette médaille réprésente cette cérémonie. »

Lactance prétend que cette coutume était instituée afin que le dieu parût avoir la primeur des baisers de la fiancée; mais il est probable qu'au début cette cérémonie avait un caractère

10

symbolique, tendant à ce que la jeune femme soit rendue féconde par sa communion étroite avec le principe divin.

N° 14. — Un satyre assaillant avec succès un bouc. Voir les paroles de Damœtas à Ménalque : « Ménage tes reproches. On sait de tes aventures... quand tes boucs te regardèrent de travers... et certain antre consacré aux Nymphes. Mais les Nymphes, indulgentes, en rirent. » (1)

N° 32. — « Le caractère d'Alcibiade qu'on peut aisément expliquer. Un Priape en érection devant une colonne, agacé par un papillon et un aspic. »

N° 33. — « Le cheval de Troye ». Tableau vivant, scènes de luxure et poses complexes à multiples personnages. (2)

(1) Virgile : *Bucoliques*, Eglogue, III, 8-9.

(2) *Veneres et Priapi uti observantur in gemmis antiquis*. Naples, vers 1771 (Bib. Nat. Enfer 344)

Le Culte du Baiser

CHAPITRE VI

Le Culte du Baiser

Priape et l'âne de Silène. — Priapées. — Les Dionysiaques chants phalliques. — Le langage des chariots. — Les Baptes. — Thesmophories : culte du baiser lesbien. — Aphrodisies : lutte de lubricité. — Fête d'Adonis. — Les Vénus grecques : Pandemos, Courtisane, Remueuse. — Offrandes des courtisanes. — Vénus Callipyge. — Les courtisanes sacrées de Corinthe.

Les Grecs se flattaient d'avoir embelli les graves allégories des Egyptiens ; alors que ces derniers, traitant les Grecs d'enfants, leur reprochaient de les avoir dégradées. L'Isis d'Egypte

était l'emblème sacré de la nature, la Vénus de Grèce n'était qu'une courtisane. La religion grecque tendait en effet à faire de l'homme un être aimable, plein de grâces et de courage, en rassemblant autour de lui tous les plaisirs dont il est avide. Ainsi avait-elle divinisé l'amour, le baiser, source de vie, source de voluptés.

Mais avec leur imagination féconde et déréglée, les Grecs avaient mélangé confusément le culte transmis par les Egyptiens, et ceux des Syriens, des Babyloniens, des Phéniciens, des Phrygiens, pour enfanter le dédale inextricable d'une mythologie dans laquelle on s'égare aisément.

La cérémonie sacrée du Phallus, ils la tenaient bien des Egyptiens ; mais le Priape vénérable, par suite de la corruption de l'ancienne mythologie, descendit du rang de dieu de la nature au rang de divinité rurale subalterne. Il fut supposé fils de Bacchus, vivant parmi les nymphes

d'une fontaine, et exprimant la fertilité des jardins. Sa légende se dégage à peu près nette de mille fables.

Priape, fils de Vénus et de Bacchus, fut doté par la jalousie de Junon d'un membre gigantesque. Elevé à Lampsaque, il plaît si bien par sa force spéciale aux Lampsaciennes que les maris, jaloux et humiliés, le condamnent à l'exil. Mais sur les prières des femmes, une maladie honteuse atteint les époux à la source même de la virilité; Priape, imploré et rappelé à Lampsaque, s'apaise. De là son culte dans cette ville.

L'âne lui était consacré en souvenir de la fable suivante. Un jour, Priape rencontra Vesta couchée sur l'herbe et plongée dans un profond sommeil. Il allait profiter d'une occasion aussi favorable à ses goûts lascifs, lorsqu'un âne vint fort à propos réveiller par ses braiments la déesse endormie, qui échappa aux poursuites du dieu libertin. D'autres écrivains rattachent cette

association à une dispute que Priape eut avec l'âne de Silène sur le volume respectif de leurs avantages virils.

Sur les autels de Priape on faisait des sacrifices de primeurs ; des couronnes étaient posées sur la tête du dieu et ailleurs. L'attribut de sa force était porté en pompe dans les cérémonies publiques et même adoré en secret dans l'intérieur domestique. On imprimait cette forme à des vases et même à des coupes d'or, d'ivoire ou de verre. Les femmes enveloppaient ces instruments sacrés dans des langes de lin et de soie. On prétend qu'ils servaient alors d'auxiliaires pour la recherche de la volupté.

Les courtisanes consacraient à Priape des *ex-voto* significatifs, dont le nombre exprimait celui des sacrifices consommés dans une heureuse nuit. Le dieu avait aussi droit aux prémices des vierges : soit piété, soit précaution, soit hypocrisie, les nouvelles mariées ne manquaient pas

de s'asseoir douloureusement sur la statue du dieu. (1)

La fête à laquelle s'associait le plus étroitement le culte de Priape ou du phallos était celle de Bacchus ou Dionysos, célébrée à Athènes avec le plus de pompe et le plus de licence. Ces fêtes rappellent la double ivresse du vin et de la volupté. Dans l'origine le culte, provenant sans doute de celui d'Osiris, était simple et populaire : il était célébré avec une cruche de vin, un cep, un bouc paré de festons, une corbeille remplie de figues, un phallus. Puis il dégénéra en bacchanale. La procession, qui en était la manifestation extérieure, se déroulait dans l'ordre suivant. Les bacchants ou initiés, déguisés en pans, en silènes, en satyres, déployaient les attributs d'une virilité exagérée

(1) Chaussard, *Fêtes et Courtisanes de la Grèce*, t. I, ch. 6. — Dulaure, *Le culte du Phallus dans l'antiquité*, ch. VII ; — Saint Augustin, *De la Cité de Dieu* ; — *Priapeia*, carm. 34.

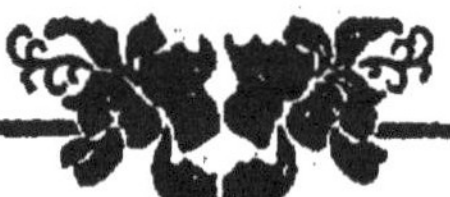

et dans un état apparent de désir continu ; les uns étaient montés sur des ânes, les autres traînaient des boucs, en se heurtant et se mêlant au milieu de cris tumultueux. « L'homme le plus débauché, dit un Père de l'Église grecque, n'oserait jamais, dans le lieu le plus secret de son appartement, se livrer aux infamies que commet effrontément le chœur des satyres, dans une procession publique. » A leur suite viennent les canéphores, jeunes vierges portant des corbeilles qui contiennent les prémices des fruits et des gâteaux en forme d'ombilics ; au-dessus de ces offrandes, bien droit et couronné de fleurs, un phallos. Les phallophores suivent, couronnés de lierre, de violette, de serpolet et d'acanthe. Dans leur cortège, une statue de Bacchus remarquable par un triple phallus. Le van mystique est porté sur la tête d'une prêtresse nommée lycnophore.

La marche est fermée par les ithyphalles,

vêtus d'habits de femme. Toute la ville est plongée dans l'ivresse, et des hymnes phalliques résonnent de toutes parts : « O Phalès, compagnon des orgies de Bacchus, coureur de nuit, dieu de l'adultère, amant des jeunes garçons, avec quelle joie je reviens dans mon bourg ! Combien il est doux, ô Phalès, Phalès, de surprendre la jolie bûcheronne Thratta, l'esclave de Strymodore, volant du bois sur le mont Phellée, de la saisir à bras le corps, de la jeter à terre et de la posséder ! »

Le temple s'ouvre aux initiés seuls ; des matrones vénérées en sont les prêtresses.

Pausanias conte qu'en Arcardie, Dionysos a encore une fête où le sang des femmes fouettées à outrance coule sur son autel. (1)

L'explication de la plupart des cérémonies de

(1) Chaussard, *Fêtes de la Grèce*, t. I, ch. 6 ; — Dulaure, *Le culte du phallus*, ch. VII ; — Aristophane, *Lysistrata* ; — *Les Acharniens* ; — Pausanias, VIII, 23 ; — Démosthène, *Plaid. cont. Néera*.

ce culte est fournie par la fable de Bacchus et Polymnus, telle qu'elle a été transmise par Clément d'Alexandrie. (1)

Le symbole phallique figurait même dans les cérémonies des mystères par excellence, ceux d'Eleusis, auxquels tous les hommes distingués par leurs talents et leurs vertus s'honoraient d'être initiés. Tertullien nous apprend que le phallos faisait partie, à Eleusis, des objets mystérieux; et un autre Père de l'Église ajoute qu'on vénérait aussi, dans les orgies secrètes d'Eleusis, l'image du sexe féminin. Pour justifier la présence de ces figures obscènes dans des mystères aussi saints, les prêtres imaginèrent la fable suivante. Cérès parcourant le monde à la recherche de sa fille Proserpine enlevée par Pluton, arrive à Eleusis accablée de lassitude. Une femme nommée Baubo lui offre l'hospita-

(1) Voir *Le Baiser : Babylone et Sodome*, ch. IV, p. 160. (Daragon, éditeur).

lité, veut la réconforter et la rafraîchir ; mais Cérès refuse toute assistance. Baubo, pour vaincre l'obstination de la déesse, a recours à une plaisanterie licencieuse. Elle cache son sexe sous une petite figure phallique, puis reparaît devant Cérès, la robe relevée, secouant et caressant le jouet postiche. A ce spectacle, aussi étrange qu'inattendu, Cérès éclate de rire, oublie son chagrin, et consent avec joie à boire et à manger. (1)

Les mystères de Cérès à Eleusis attiraient une foule de courtisanes. Les dépenses de l'initiation, au profit des prêtres, étaient si considérables que les amants se faisaient un mérite aux yeux de leurs maîtresses en payant pour elles ces frais. L'orateur Lysias paya pour la jeune Métanire.

Durant les cérémonies nocturnes, les ténè-

(1) Chaussard, *Fetes de la Grèce*, t. II, ch. 4 ; — Dulaure, *Le culte du phallus*, ch. VII.

bres et la loi du silence favorisaient les projets les plus hardis et les entreprises les plus téméraires; voire même des aventures scandaleuses comme celles sur lesquelles les poètes comiques échafaudèrent les intrigues de leurs pièces, supposant que de jeunes personnes, entraînées par l'ivresse des passions, s'y abandonnaient dans l'obscurité à des inconnus. Ainsi dans l'*Aululaire* de Plaute, la fille de l'Athénien Euclion était devenue mère pendant les mystères de Cérès, sans même connaître le père de son enfant.

C'est dans les murs mêmes d'Athènes qu'était conservé l'immense attirail nécessaire à la célébration des mystères, où l'on voyait paraître des *lingams* et d'autres obscènes symboles, dont la forme désignait assez l'origine égyptienne.

Du culte combiné de Cérès et de Bacchus était née cette fameuse procession, souvent composée de trente mille pèlerins qui se couronnaient de feuille de myrtes et portaient tous

les ans la statue de Bacchus à Eleusis, en partant du Céramique d'Athènes, et en poussant tout le long du parcours des cris d'allégresse. Les dames d'Athènes, montées sur des chars découverts et superbement parées, marchaient à la tête de cette orgie; et leurs aventures amoureuses commençaient déjà même avant qu'elles fussent arrivées au lieu de leur destination. Ensuite elles se permettaient, durant tout le cours de leur route, des discours si licencieux qu'on les nommait vulgairement le « langage des chariots ». C'était la véritable image d'une bacchanale ambulante. (1)

Aux mystères nocturnes de Cotytto, célébrés en Thrace en l'honneur de Cotys, la grande divinité des Edoniens, le phallos figurait sous la forme de verres dans lesquels les initiés buvaient des liqueurs excitantes. Les adeptes de

(1) De Pauw, *Recherches philosophiques sur les Grecs*, t. II, p. 218 sqq. Plaute, *L'Aululaire*, prologue; Aristophane, *Plutus*.

ce culte à Athènes se dénommaient les *Baptes*, titre qui indique une purification par l'eau : ils juraient par l'amandier, qui rappelait une fable licencieuse. Jupiter, disait-on, étant agité d'un songe impur, la terre reçut la semence de l'immortel et enfanta un hermaphrodite accompli, Agdistis, auquel les dieux ne laissèrent que le sexe féminin. Son organe viril jeté sur la terre y prit racine, se changea en amandier et se couronna de fruits.

« Tels les Baptes, dit Juvénal, célébraient leurs nocturnes orgies à la lueur des flambeaux, habitués à fatiguer, dans Athènes, leur impure Cotytto. L'un promène obliquement sur ses sourcils une aiguille enduite de noir de fumée, et se peint les yeux en allongeant une paupière clignotante; l'autre boit dans un Priape de verre, rassemble ses longs cheveux sous un réseau d'or, vêtu d'une robe bleue brochée ou vert pâle unie et servi par un esclave qui ne jure que

par Junon. Là, nulle pudeur dans le langage, nulle décence à table; là toute la turpitude de Cybèle, et pleine liberté de soupirer de honteuses amours. »

Les femmes étaient sévèrement éloignées de ces orgies. Alcibiade y était initié. Le poète Eupolis joua les mystères de Cotytto dans sa comédie des *Baptes*. On prétend que les initiés se vengèrent en le jetant à la mer. (1)

Le culte fondu de Cérès et de Proserpine était au contraire célébré par les femmes seules; les cérémonies en duraient trois jours. Le dernier, on présentait aux deux déesses des gâteaux pétris de sésame et de miel, auxquels on imprimait les formes caractéristiques du sexe féminin.

Les femmes se préparaient aux mystères par l'abstinence des voluptés : elles jonchaient leur lit de plantes où circule une sève froide et

(1) Strabon, *Géographie*, X, 15; Juvénal, *Satires*, II, 91, sqq.; Eupolis, *Les Baptes*, fragments; Chaussard, *Des fêtes de la Grèce*, t. I, ch. VI.

paresseuse, dont l'effet est de glacer les sens. Les hommes étaient soigneusement écartés de ces mystères que couvrait un secret impénétrable; les esclaves et les servantes étaient également éloignés.

Les pratiques intérieures étaient très licencieuses, à en croire Aristophane. Pendant la durée des fêtes, les femmes étaient logées deux à deux sous des tentes dressées près du temple de Cérès. Aussi ces mystères donnaient-ils lieu à toutes sortes de soupçons d'orgies : ainsi Agathon, prié par Euripide d'aller plaider sa cause auprès des femmes dans les *Thesmophories*, avoue qu'il redoute d'être accusé d'aller dérober les plaisirs nocturnes des femmes et ravir leur Vénus intime, faisant allusion aux baisers lesbiens dont, disait-on, les femmes usaient entre elles durant les réunions des Thesmophories. (1)

(1) Chaussard, *Des fêtes de la Grèce*, 3e part., ch. V; Aristophane, *Les Thesmophories*.

Les *Aphrodisies*, ou Fêtes de la bonne déesse, célébrées aussi en secret, étaient durant sept jours l'occasion d'indescriptibles orgies. Le troisième jour, les hommes et les chiens mâles étant bannis du temple, les femmes restées seules consommaient dans la nuit les sacrifices et les mystères. Le lendemain, les deux sexes se rapprochaient avec une effrénée lubricité. « Nous savons, dit Juvénal, ce qui se passe au fond de ces sanctuaires quand la trompette agite ces menades et, lorsqu'étourdies par les sons et enivrées de vin, elles font voler leurs cheveux épars et hurlent à l'envi le nom de Priape. Quelle fureur ! Saufella, tenant en main une couronne, provoque les plus viles courtisanes et remporte le prix de la lubricité; mais à son tour elle rend hommage aux ardeurs fougueuses de Médulline. Celle qui triomphe dans ses assauts lubriques passe pour la plus noble athlète. Rien n'est feint; les attitudes y sont

d'une telle énergie qu'elles auraient enflammé le vieux Priam et Nestor affaibli par ses longues années. Déjà les désirs veulent être assouvis; déjà chaque femme reconnaît qu'elle ne tient dans ses bras qu'une femme, et le sanctuaire retentit de ces cris unanimes : il est temps d'introduire les hommes. Mon amant dormirait-il ? qu'on l'éveille. Point d'amant, je me livre aux esclaves; point d'esclave, qu'on appelle un manœuvre : à son défaut, l'approche d'une brute ne l'effraierait pas. »

Alexis dit même que Corinthe ne célébrait pas seulement les *Aphrodisies* des courtisanes, mais encore une autre fête semblable pour les femmes libres. Pendant ces jours-là, il était d'usage de se livrer aux festins, et la loi autorisait les courtisanes à s'y trouver avec les femmes libres. (1)

(1) Athénée, *Le Banquet*, XIII, 41 Juvénal, Satires, VI, 314 sqq. ; Chaussard, *Fêtes de la Grèce*, t. I, ch. 6.

Enfin la Grèce entière célébrait au printemps le culte d'Adonis, rappelant celui d'Osiris. Des prêtresses de Vénus accompagnaient le char lugubre, manifestant leurs douleurs et promenant en pompe les simulacres de Vénus et d'Adonis, qui étaient ensuite déposés sur une estrade luxueusement décorée. Après trois jours de larmes une journée d'allégresse célébrait la résurrection d'Adonis, personnifié par le plus beau des adolescents, à côté duquel, sur un lit voluptueux, était placée son amante embellie par le bonheur. L'allégresse se fondait d'ailleurs dans une scène de lubricité. (1)

Les Grecs, qui avaient reçu leurs dieux des Egyptiens, des Libyens, des Pélasges et des Phéniciens, ne connurent sans doute pas Vénus avant l'arrivée de Cadmus. Mais peu à peu le culte de cette déesse s'étendit et se multiplia

(1) Chaussard, *Des fêtes de la Grèce*, t. I, ch. 5; Théocrite, Idylle 15.

sous une foule de noms différents, chargés d'exprimer le plus souvent les modes de la sensualité raffinée du peuple grec. Cependant il en est qui ont trait à d'autres soucis que l'amour, Vénus étant invoquée et adorée, de préférence à toute autre divinité, dans les circonstances les plus diverses. Il nous suffira de noter au passage les Vénus dont le culte intéresse de plus près notre sujet : une énumération complète serait fort longue et risquerait d'être fastidieuse. Larcher en effet a compté chez les peuples de Grèce et d'Italie 185 temples, 104 statues et 7 tableaux de Vénus.

D'une façon générale les mystères en l'honneur de Vénus étaient célébrés en présentant aux initiés du sel, un phallos, symboles de sa naissance ; et les initiés lui offraient une pièce d'argent, comme à une courtisane.

Un des temples de Vénus les plus fréquentés était celui de Paphos. Au temple d'Amathonte,

la statue de la déesse avait une barbe, le corps et l'habit d'une femme, avec un sceptre et les parties sexuelles de l'homme. Elle était appelée Aphroditos : les hommes lui sacrifiaient en habit de femmes, et les femmes en habit d'hommes.

Près d'Amathonte se trouvait le bois de Vénus-Ariadne avec le tombeau de cette princesse, conformément à la légende contée par Plutarque. Thésée est jeté sur les côtes de Chypre avec Ariadne, grosse de ses œuvres. Celle-ci débarquée, les vents emportent Thésée en pleine mer. Ariadne, recueillie par les femmes du pays, meurt dans les douleurs de l'enfantement. Thésée, à son retour, laissa une somme d'argent aux Cypriotes pour faire chaque année un sacrifice à Ariadne. Dans ce sacrifice, un jeune homme couché sur un lit imite les mouvements et les cris d'une femme en travail.

Le temple le plus ancien de la déesse en

Grèce se trouvait à Cythère, où elle avait une statue armée. De cette île, elle prenait le nom de Cythérée, ou bien parce que les amants se cachent et agissent en secret, ou encore parce qu'elle cache les amants, ou enfin à cause de l'imprégnation, dit Phurnutus, qui est la suite de l'union des deux sexes. Les jeux d'étymologie permettent le choix entre ces explications.

Egée ayant introduit le culte de Vénus à Athènes, le même sans doute qu'en Assyrie et en Chypre, les Grecs conservèrent le culte d'Uranie, la Céleste, dans toute sa pureté; mais ils imaginèrent d'autres Vénus qui présidaient, suivant eux, aux plaisirs peu chastes. Ainsi Vénus-Pandemos, ou Vénus populaire, favorisait la prostitution publique : elle était représentée à Elis, assise sur un banc. Solon lui avait fait bâtir à Athènes un temple avec les impôts qu'il avait perçus sur les femmes placées par ses soins dans les *dictérions*. Les courtisanes

d'Athènes étaient très empressées aux fêtes de Pandemos, qui se célébraient le quatrième jour de chaque mois : ce jour-là elles n'exerçaient leur métier qu'au profit de la déesse.

Vénus était aussi adorée, en vingt endroits de la Grèce, sous le nom d'*Etaira*, ou de courtisane : Hésychius parle même d'un temple qui lui était élevé à Athènes, et d'un autre à Ephèse.

Vénus *Peribasia* ou *Divaricatrix* était adorée chez les Argiens. Son nom lui venait, disait Clément d'Alexandrie, *a divaricandis cruribus* (de ce qu'elle écartait les jambes), en un mot de son art de varier les mouvements de la volupté, de la souplesse de ses cuisses et de ses reins. Elle était nommée aussi *Salacia, Lubia, Lubentina* toujours à cause de sa science des voluptés. C'est à elle sans doute que Dédale avait dédié une statue en bois qui se mouvait d'elle-même par le moyen du vif argent dont il l'avait emplie. C'est certainement à l'une de ces per-

sonnifications de Vénus que s'adressaient les offrandes des courtisanes, présentées comme « dîmes des gains du lit », encore humides de parfums, dépouilles de luttes amoureuses, scandales, molles ceintures, voiles de safran, couronnes de lierre, peignes, pinces à épiler, miroirs d'argent poli, voire même « des objets qu'on ne nomme point aux hommes, des instruments de toute sorte de volupté » et un éperon d'or, « bel aiguillon des courses équestres » (il s'agit, bien entendu, d'équitation vénérienne).

A Samos, Vénus avait un temple que les courtisanes ayant suivi Périclès au siège de cette ville, firent bâtir du produit de leurs baisers.

A Péra, près du mont Hymette se trouvait encore un Temple de Vénus avec une fontaine qui procurait une heureuse délivrance aux femmes enceintes et donnait la fécondité à celles qui étaient stériles.

Les Athéniens élevèrent même des temples à

Leaena et Lamia, courtisanes, maîtresses de Démétrius Poliorcète, sous le nom de Vénus Leaena et Vénus Lamia.

A Athènes encore était le temple de Vénus *Psithyros* ou *Susurratrix*, ainsi nommée, dit Pausanias, parce que les femmes qui adressaient leurs prières à Vénus les lui faisaient à l'oreille, avec des sussurements. Mégalopolis avait élevé un temple à Vénus *Mechanitis*, pour l'ingéniosité de ses artifices, l'habileté de ses machinations. Syracuse, enfin, avait déifié Vénus Callipyge, en l'honneur de deux belles personnes aux charmes puissants. Un homme de la campagne, contait-on, avait deux filles très belles qui, ne pouvant s'accorder sur la beauté de leurs f......, se rendirent sur le grand chemin pour faire décider le point en litige. Passe un jeune homme, les belles lui montrent leurs charmes. Il décide en faveur de l'aînée, dont il est épris au point d'en tomber malade. Il raconte son

aventure à son jeune frère, qui se rend au même endroit, examine aussi les charmes des deux sœurs et se prononce en faveur de la cadette. Le père de ces jeunes gens, après de vaines exhortations, se laisse toucher, va trouver le père des deux jeunes filles, les emmène et les donne pour femmes à ses fils. On ne les connaissait à Syracuse que sous le nom de Belles f....s. Elles amassèrent de grands biens, dont elles firent bâtir un temple sous le nom de Vénus aux belles f....s.

Le temple de Vénus à Corinthe était si riche qu'il possédait, à titre de hiérodules ou d'esclaves sacrés, plus de mille courtisanes vouées au culte de la déesse par des donateurs de l'un et de l'autre sexe ; et naturellement la présence de ces femmes, en attirant une foule d'hommes dans la ville, contribuait encore à l'enrichir. Les patrons de navires, notamment, venaient s'y ruiner à plaisir : car les Corinthiennes

étaient réputées par leur adresse à se plier à toutes les attitudes inventées par l'imagination des prêtresses dans l'exercice du culte de leur déesse tutélaire.

Aussi dans cette ville, un usage ancien était de réunir toutes les courtisanes pour présenter à Vénus les vœux de la ville pour des choses importantes. Si même des particuliers faisaient des vœux à Vénus, ils lui amenaient un nombre déterminé de courtisanes lorsqu'ils avaient obtenu ce qu'ils demandaient. Ainsi Xénophon de Corinthe, partant pour les jeux olympiques, fit vœu d'amener à Vénus un certain nombre de courtisanes quand il aurait vaincu. Et Pindare écrivit lui-même le chant du sacrifice : « O jeunes filles, dit-il aux courtisanes, qui recevez tous les étrangers et leur donnez l'hospitalité ; prêtresses de la déesse Vénus dans la riche Corinthe, c'est vous qui, en faisant brûler par vos mains des larmes d'encens pur et qui, touchant Vénus la

mère des amours par vos prières intérieures, vous méritez souvent son secours céleste, et nous procurez les doux instants de cueillir sur des lits mollets les plus agréables fruits dans nos pressants besoins ». (1)

C'est le baiser charnel, avec toutes ses lubricités, purifié par le culte, magnifié, divinisé.

(1) Athénée, *Banquet*, VI, 14 ; XII, 13 ; XIII, 3, 4 ; Strabon, *Géographie*, VIII, 80 ; Philodème, *Epigrammes* : Brunck, *Analecta*, II, p. 85 ; Xénophon, *Banquet*, 8 ; Pausanias, VI, 25 ; Plutarque, *Thésée*, 18 ; Aristote, *De l'âme*, I, 3 ; Anthologie grecque, *Epigrammes érotiques*, 159, 199, 200, 201, 203 ; *Epigrammes votives*, 17, 172, 206-208, 210, 290 ; Larcher, *Mémoire sur Vénus*. Paris, 1775, *passim*.

ANTHOLOGIE

Déclaration d'amour

Je ne sais pas ce que je dois louer le plus en toi. Ta tête ? Mes quels yeux ! Tes yeux ? Mais quelles joues ! Tes joues ? Mais tes lèvres m'attirent et me brûlent. Comme elles sont modestement closes, mais assez ouvertes cependant pour laisser échapper le parfum de ton haleine ! Et lorsque tu retires tes vêtements, que de trésors cachés ! Ils me semblent lancer des éclairs. O Phidias, Lysippe, et toi Polyclète, combien vous avez perdu d'avoir quitté si vite ce monde ! En présence d'un tel modèle, vous n'auriez point cherché à créer d'autre statue. Tout en toi est admirable. Quelle finesse de main ! quelle largeur de poitrine ! quelle harmonie de formes ! Je n'ai plus de mots pour exprimer le reste. En vérité, une pareille beauté rendrait difficile le jugement du fils de Priam lui-même. Hélas ! comment donc faire ? De quel côté me tourner ? Louerai-je ceci ? Mais cela vaut mieux. Donnerai-je le prix à cette perfection ? Mais cette autre m'entraîne. Laisse-moi joindre le toucher à la vue et je prononcerai.

Lettres galantes de Philostrate (lettre 65). Traduction Stéphane de Rouville, Paris 1876.

L'enchantement du baiser

A ce moment une abeille ou une guêpe vint bourdonner autour de ma tête : je portai vivement la main à mon visage, feignant d'être piqué et de ressentir une cuisante douleur. Leucippe s'approcha, écarta ma main et me demanda où j'étais piqué. « A la lèvre, lui dis-je; mais vous, pourquoi ne pas m'expliquer le charme qui guérit des piqûres, chère Leucippe ? » Elle s'approcha davantage et plaça sa bouche près de la mienne, comme pour prononcer les paroles magiques. Pendant qu'elle les murmurait tout bas, ses lèvres effleuraient les miennes ; et moi je l'embrassais en silence, étouffant sur mes lèvres le bruit des baisers que je lui dérobais. Elle, de son côté, ouvrait et fermait les lèvres,

murmurant sa douce magie et faisait de ses enchantements autant de baisers. J'osai alors la serrer dans mes bras et l'embrasser sans détour. — Que faites-vous ? me dit-elle en se retirant ; connaîtriez-vous aussi l'art des enchantements ? — Je baise le charme, lui dis-je ; car vous m'avez enlevé la douleur. Elle comprit ma pensée et sourit. Mon audace s'en accrut. « Hélas ! ma bien-aimée, lui dis-je, je sens de nouveau une blessure plus cruelle encore ; l'aiguillon a pénétré jusqu'au cœur, et réclame tous tes charmes. N'aurais-tu point une abeille sur les lèvres ? car elles sont pleines de miel, et pourtant tes baisers font de vives blessures. Je t'en supplie, charme de nouveau mes douleurs, et surtout prolonge les enchantements, de peur que la blessure ne s'envenime encore. »

Achille Tatius,
Leucippe et Clitophon (II, 7)
(traduction Ch. Zévort).

La leçon d'amour

Alors les brebis besloyent, les aigneaux saultoyent et se courboyent soubz le ventre de leurs mères pour teter; les beliers poursuyvoyent les brebis, qui n'avoyent point encore aignelé, et après qu'ilz les avoyent arrestées, sailloyent chacun la sienne. Autant en faisoyent les boucz après les chèvres, saultant à l'environ, et quelques-uns combattans pour l'amour d'elles : chacun avoit la sienne, et gardoit qu'autre que luy ne la couvrist. Toutes lesquelles choses eussent peu inciter des vieillards refroidiz à désirer la joüissance d'amour; et par plus forte raison incitèrent-elles Daphnis et Chloé, qui estoyent en la première fleur de la jeunesse, et qui, pourchassans de longtemps le dernier but de con-

tentement d'amour, brusloyent en oyant ce qu'ilz oyoyent, et se fondoyent de désir en voyant ce qu'ilz voyoyent, cherchant quelque chose qu'ilz ne pouvoyent trouver oultre le baiser et l'embrasser ; mesmement Daphnis, lequel estant devenu grand et en bon point, pour n'avoir bougé tout le long de l'hyver de la maison à ne rien faire, frissoit après le baiser, et estoit gros, comme l'on dit, d'embrasser, faisant toutes choses plus hardiment, plus curieusement et plus ardemment que paravant, pressant Chloé de luy octroyer tout ce qu'il vouloit, et de se coucher nuë à nud avec luy plus longuement qu'ilz n'avoyent accoustumé. Chloé luy demandoit : « Et qu'y a-t-il plus à coucher nuë à nud par-dessus le baiser et l'embrasser, qu'à coucher tout vestu ? — Cela, respondoit Daphnis, que les beliers font aux brebis et les boucz aux chèvres ; vois-tu comment après cela les brebis ne s'enfuyent plus, ny les

beliers aussi ne se travaillent plus pour courir après ; ains paissent tous deux amiablement ensemble, comme estant tous deux assouviz et contens ? et doit estre quelque chose plus doulce que ce que nous faisons, et qui surpasse l'amertume d'amour. — Et mais, disoit Chloé, ne vois-tu pas comment les beliers et les brebis, les boucz et les chèvres, en faisant ce que tu dis, se tiennent tout de bout, les masles saillans dessus, les femelles soustenans les masles sur le dos ? et tu veux que je me couche par terre avec toy, et encore toute nuë, là ou les femelles sont plus garnies de laine et de poil, et plus veluës que je ne suis couverte quand je suis toute vestuë. » Daphnis ne sçavoit que respondre à cela, et luy obéïssant se couchoit auprès d'elle tout vestu, où il demouroit longtemps, gissant tout de son long, ne sçachant par quel bout se prendre pour faire ce que tant il désiroit. Il la faisoit relever et l'embrassoit par derrière, en

imitant les boucz ; mais il s'en trouvoit encore moins satisfait que devant. Si se rassit à terre et se print à plorer sa sotise de ce qu'il sçavoit moins que les belins, comment il falloit accomplir les œuvres d'amour.

. . . .

Or quelques jours plus tard, certaine petite femme jeune, belle, délicate, qui avait nom Lycœnion, et que son mari, fort cassé, ne satisfaisait point à son gré, mena Daphnis le plus avant qu'elle put dans le bois, et lui offrit de lui montrer « comment il faut faire le jeu d'amour. »

Daphnis perdit toute contenance tant il fut ayse, comme un pauvre garson de village jeune et amoureux : si se met à genoux devant Lycœnion, la priant bien fort de luy enseigner ce plaisant mestier le plustost qu'elle pourroit, afin qu'il peust faire ce qu'il désiroit à Chloé ; et comme si c'eust été quelque grand et malaysé secret, luy promist qu'il luy donneroit un che-

vreau, des fromages molz, de la cresme, et plustost la chèvre avec : aussi Lycœnion trouvant en ce jeune chevrier une simplicité plus grande qu'elle n'eust pensé, commença à le passer maistre en ceste manière. Elle luy commanda de s'asseoir auprès d'elle et de la baiser comme il avoit accoustumé de baiser Chloé, et en la baisant, de l'embrasser le plus estroitement qu'il luy seroit possible ; et finalement de se mettre de son long par terre avec elle. Après que Daphnis se fust assis auprès d'elle, qu'il l'eust baisée, et se fut couché par terre, Lycœnion le trouvant en estat, le souleva un peu, et se glissa adroitement dessoubz luy, puis elle le mit dans le chemin qu'il avoit jusques-là cherché. Tout se passa à l'ordinaire, la nature elle-mesme luy ayant appris ce qu'il y avoit de plus à faire.

LONGUS.

Daphnis et Chloé, livre III
(traduction d'Amyot.).

Le combat d'amour

Palestre, sitôt qu'elle eut mis dormir sa maîtresse, s'en vint devers moi sans tarder ; et lors ce fut à nous de boire et de faire débauche de vin ensemble et de baisers ; par où nous étant confortés et préparés au déduit, Palestre se lève et me dit : songe, jeune homme, comme je m'appelle, et te souvienne que tu as affaire à Palestre. Or sus, on va voir en cette joute ce que tu sais faire, et si tu es appris aux armes comme gentil compagnon. — J'accepte ton défi, lui dis-je, et me dure mille ans que nous ne soyons aux prises. Déshabille-toi ; fais tôt... Lors elle : C'est moi qui suis le maître d'exercices et qui vais éprouver ton adresse et ta force en divers tours de lutte ; toi, fais devoir d'obéir et d'exécuter à point ce que je commanderai. — Commande, lui dis-je. — Cependant elle se déshabillait, et quand elle fut toute nue : Dépouille-toi, jouvenceau, et te frotte de cette huile. Allons, ferme, bon pied, bon œil. Accole ton adversaire, et d'un croc en jambe le renverse. Bon, bras à bras, corps à corps, flanc contre flanc ; appuie et toujours tiens le dessus. Çà, sous les reins cette main, l'autre sous la cuisse ; lève haut, donne la saccade, redouble, serre, sacque, choque, boute, coup sur coup ; point de relâche ; dès que tu sens mollir, étreins ; là, là, bellement ; allons ! au but ! te voilà quitte.

Au bout d'un instant, elle se lève en pieds ; et après s'être un peu soignée : Voyons, dit-elle, si tu es champion à l'épreuve en toutes joutes et combats jusqu'à outrance. Puis tom-

bant à genoux sur le lit : Maintenant nous allons combattre à fer émoulu. Elle tombe aussitôt sur ses genoux en s'arrangeant sur le lit, et me tourne le dos. Çà, beau lutteur, me dit-elle vous voilà en présence, préparez-vous au combat, avancez ; portez-vous encore plus avant. Vous voyez votre adversaire nu, ne l'épargnez pas ; et d'abord il est à propos de l'enlacer ſortement ; ensuite il faut le pencher, fondre sur lui, tenir ferme, et ne laisser aucun intervalle entre vous deux. S'il commence à lâcher prise, ne perdez pas un moment, enlevez-le et tenez-le en l'air en le couvrant de votre corps et continuant de le harceler ; mais surtout ne vous retirez pas en arrière avant que vous en ayez reçu l'ordre ; courbez son dos en voûte, contenez-le par dessous ; donnez-lui de nouveau le croc en jambe, afin qu'il ne vous échappe pas ; tenez-le bien et pressez vos mouvements : lâchez-le, le voilà terrassé, il est tout en nage.

Je partis d'un grand éclat de rire, puis je repris : Mon maître, il me prend fantaisie de te prescrire à mon tour quelque petit exercice. Songe à m'obéir ponctuellement. Relève-toi et demeure assise ; avance une main officieuse ; caresse-moi légèrement, et promène-la sur moi ; enlace-moi bien, et fais-moi tomber dans les bras du sommeil.

LUCIEN

La Luciade ou l'Ane
(Traduction Paul-Louis Courrier et Belin de Ballu)

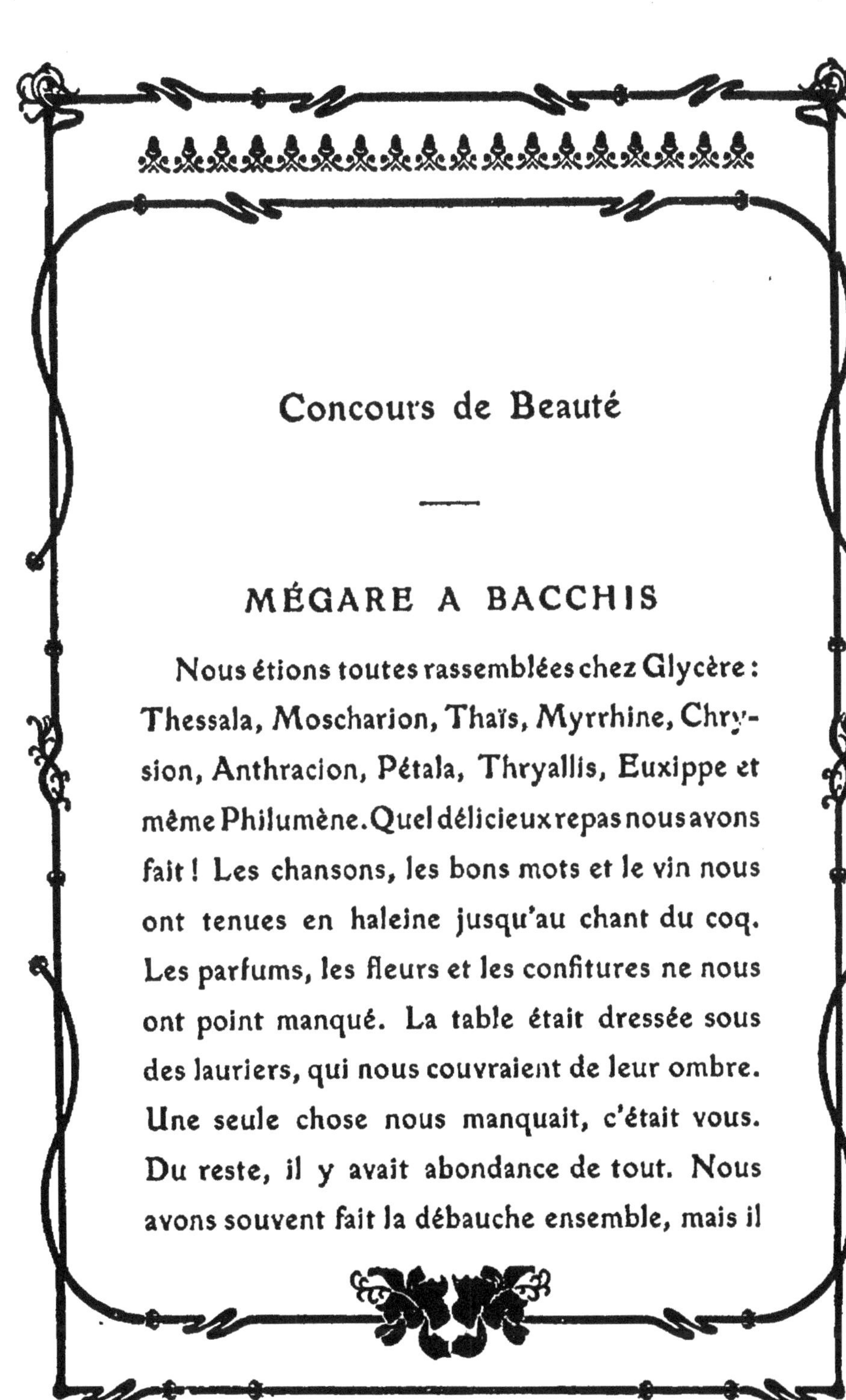

Concours de Beauté

MÉGARE A BACCHIS

Nous étions toutes rassemblées chez Glycère : Thessala, Moscharion, Thaïs, Myrrhine, Chrysion, Anthracion, Pétala, Thryallis, Euxippe et même Philumène. Quel délicieux repas nous avons fait ! Les chansons, les bons mots et le vin nous ont tenues en haleine jusqu'au chant du coq. Les parfums, les fleurs et les confitures ne nous ont point manqué. La table était dressée sous des lauriers, qui nous couvraient de leur ombre. Une seule chose nous manquait, c'était vous. Du reste, il y avait abondance de tout. Nous avons souvent fait la débauche ensemble, mais il est rare que nous nous soyons si bien diverties.

Mais ce qui nous divertit infiniment fut une dispute qui s'éleva entre Myrrhine et Thryallis, laquelle des deux montrerait les fesses les plus belles et les plus dodues. Myrrhine, la première défit sa ceinture. Elle avait une chemise de soie, au travers de laquelle on apercevait aisément le tremblement de ses fesses dans les mouvements qu'elle donnait à ses reins, regardant souvent derrière elle le branlement de ses fesses. En même temps elle soupirait doucement, comme si elle eût actuellement été aux prises dans un combat amoureux. Par Vénus, l'adresse avec laquelle elle s'en acquitta me remplit d'admiration.

Elle ne fit cependant pas perdre courage à Thryallis, qui poussa même l'effronterie plus loin qu'elle. « Ce n'est point au travers d'un rideau, dit-elle, que je veux lui disputer le prix, ni faire la sucrée. Il ne faut point alléguer de

vains prétextes lorsqu'il s'agit de combattre. C'est toute nue que je veux le faire, comme dans les exercices du gymnase ». Elle ôte en même temps sa chemise, et tendant le derrière : « Tenez, Myrrhine, dit-elle, voyez si vous pouvez trouver à redire à leur teint et s'il n'est pas pur et naturel. Voyez quel éclat il a, voyez comme ces hanches sont bien prises, et comme ces fesses ne sont ni trop charnues, ni trop décharnées. Elles ne sont point flasques comme celles de Myrrhine. Mais elles sourient et ont tout l'air de rire. »

En même temps, elle donna un si grand mouvement à ses fesses qu'elle les faisait rebondir çà et là sur ses reins. De sorte que, nous mettant toutes à frapper des mains, nous lui adjugeâmes la victoire.

Il y eut encore d'autres disputes, surtout à qui montrerait les plus beaux seins. Personne n'osa disputer la beauté du ventre avec Philu-

mène, parce qu'elle a de l'embonpoint et n'a point été grosse.

Après avoir passé ainsi toute la nuit, avoir bien maudit nos amants et en avoir souhaité d'autres (car en amour la nouveauté plaît toujours), nous nous sommes retirées toutes prises de vin.

(*Lettres du rhéteur Alciphron*, I, 39.)

Ode à une femme aimée

Celui-là me paraît égal aux dieux qui, assis en face de toi, écoute de près ton doux parler,

Et ton aimable rire : ils font tressaillir mon cœur dans mon sein ; la voix n'arrive plus à mes lèvres.

Ma langue se brise, un feu subtil court rapidement sous ma chair ; mes yeux ne voient plus rien, mes oreilles bourdonnent.

Une sueur glacée m'inonde, un tremblement me saisit tout entière ; je deviens plus verte que l'herbe, il semble que je vais mourir.

Eh bien ! j'oserai tout, puisque mon infortune....

SAPHO.
(Traduction Em. Deschanel.)

Le baiser lesbien

CLONARION ET LÉAENA

CLONARION. — On dit d'étranges choses de toi, Léaena ; que Mégille, cette riche dame de Lesbos, te caresse comme ferait un homme. Qu'en est-il ? Cela est-il vrai ?

LÉAENA. — Il en est quelque chose.

CLONARION. — Mais à quoi aboutissent toutes ces caresses ? Je ne le puis comprendre. Tu ne m'aimes point, car tu ne me les cèlerais pas.

LÉAENA. — Je t'aime plus que personne ; mais j'ai honte de le dire, c'est une étrange femelle.

CLONARION. — Tu veux dire sans doute que c'est quelque Tribade, comme on dit qu'il y en

a beaucoup en cette île, qui n'aiment pas les hommes, et qui caressent les femmes.

LÉAENA. — C'est quelque chose de semblable.

CLONARION. — Conte-moi comment elle te déclara sa passion, ce que tu lui répondis et le reste de cette aventure.

LÉAENA. — Elle faisait la débauche avec Démonasse de Corinthe, qui est de son humeur ; et elles m'envoyèrent quérir comme musicienne, pour chanter et jouer des instruments pendant leur repas. Après avoit fait bonne chère, elles me retinrent à coucher, et me dirent que je coucherais avec elles, et qu'elles me mettraient au milieu ; ce que je n'osai refuser, parce qu'il me semblait qu'elles me faisaient honneur. Lorsque nous fûmes au lit, elles m'embrassèrent comme des hommes, non seulement en appliquant les lèvres, mais en entr'ouvrant la bouche, me caressant, me pressant la gorge ; Démonossa même me mordait en me donnant des baisers.

Pour moi, je ne voyais pas où elles voulaient en venir. A la fin, Mégille tout en fureur, ôta sa coiffure, et parut toute nue, et la tête rase comme un athlète, ce qui me surprit encore plus. Alors prenant la parole : « As-tu vu, dit-elle, un plus beau garçon ? — Je ne vois point là, lui dis-je, de garçon. — Ne m'offense point, dit-elle, je ne m'appelle pas Mégille, mais Mégillus ; et voilà ma femme. » (*montrant Démonasse.*) Je me pris à rire à ce discours et lui dis : « Quoi ! tu nous as trompées si longtemps étant homme, et passant pour femme, comme Achille parmi les filles ? Mais tu n'es pas faite comme lui. — Non, dit-elle, mais je n'en ai pas besoin ; et si tu veux l'éprouver, tu trouveras qu'il ne me manque rien pour accomplir tes désirs et les miens. — N'es-tu point hermaphrodite, lui dis-je, comme ce devin de Thèbes dont m'a parlé ma compagne Isménodore, qui devint homme après avoir été femme ? — Non, dit-elle, mais

j'ai toutes les passions et les inclinations des hommes. — Et il te suffit des désirs? lui répondis-je. — Léaena, me dit-elle, laisse-toi faire, si tu ne me crois pas, et tu comprendras que je suis tout à fait un homme. J'ai ce qu'il faut pour te convaincre : encore une fois, laisse-toi faire, et tu verras. » Je me suis laissé faire, Clonarion, j'ai cédé à ses instances, accompagnées d'un magnifique collier et d'une robe de lin du plus fin tissu. Je l'ai saisie dans mes bras comme un homme ; elle m'a embrassée toute haletante, et m'a paru goûter le plus vif plaisir.

Clonarion. — Mais que fit-elle, et comment s'y prit-elle ? C'est là ce qu'il faut me raconter.

Léaena. — N'insiste pas davantage. Ce n'est pas beau. Aussi, j'en jure par Vénus, je n'en dirai rien.

Lucien

Dialogues des courtisanes, V

(Traduction Belin de Ballu et Eugène Talbot)

Les deux baisers

Abandonnons les mythes pour parler de la réalité même et des jouissances véritables. Pour moi, dit Clitophon, j'en suis encore à mes premières armes avec les femmes et je n'ai connu que celles qui vendent leurs faveurs. Un autre plus anciennement initié aurait sans doute beaucoup plus à dire. Pourtant j'essaierai, malgré mon peu d'expérience. Le corps de la femme est souple et flexible sous les étreintes de l'amour ; ses lèvres sont douces aux baisers ; ses bras, tout en elle est approprié aux plaisirs de Vénus. C'est la volupté même qu'on étreint quand on la possède, et le baiser s'empreint sur ses lèvres comme le sceau sur la cire. Les baisers qu'elle rend à son tour ne sont point sans un certain art ; elle sait habilement en augmenter la douceur. Ce n'est point assez pour elle que les lèvres s'unissent amoureusement aux lèvres ; ses dents mêmes cherchent les embrassements ; elle dévore la bouche de son amant, elle mord les baisers ; ses seins, qu'on sent palpiter sous la main, sontune nouvelle souree de jouissance. Au moment suprême de l'amour, elle tressaille comme aiguillonnée par la volupté ; sa bouche s'ouvre à un torrent de baisers ; elle ne contient plus ses transports. Les langues à ce moment se cherchent mutuellement, elles veulent s'unir et avoir, elles aussi, leurs embrassements. Vous augmentez vous-même le plaisir en ouvrant les lèvres à de larges et profonds baisers. Lorsqu'approche le terme, la femme devient haletante sous la volupté qui l'inonde. Sa respiration pressée s'élance, mêlée au souffle de l'amour, jusque

sur les lèvres où elle rencontre le baiser qui erre sur le bord et cherche à pénétrer plus avant ; refoulée par le baiser qui se mêle à elle et la suit, elle revient en arrière et arrive jusqu'au cœur. Celui-ci, ébranlé par les baisers, s'agite, tressaille ; et s'il n'était fortement enchaîné dans la poitrine, il briserait ses liens pour suivre les baisers. Avec les enfants, les embrassements sont sans art, les étreintes sans raffinements délicats ; Vénus est languissante, le plaisir nul.

— Il me semble, dit Ménélas, que bien loin d'être novice, tu as toute l'expérience de la vieillesse dans les mystères de Vénus, à voir tout ce que tu nous débites sur les petits mérites secrets des femmes. Mais écoute à ton tour ceux des enfants : chez la femme tout est fardé, et les paroles et l'extérieur ; si quelqu'une parait belle, c'est l'œuvre longtemps élaborée des onguents et de la peinture. Sa beauté est tout

entière dans les parfums, dans la teinture des cheveux, dans l'artifice des caresses. Dépouillez-la de ces mille accessoires menteurs, et elle ressemble au geai de la fable, dépouillé de ses plumes. La beauté des enfants n'est pas saturée de toutes ces senteurs, de toutes ces odeurs trompeuses et empruntées ; mais la sueur de l'enfant a un plus doux parfum que toutes les huiles et lotions féminines. On peut, d'ailleurs, avant les embrassements amoureux, les étreindre à la palestre, les serrer dans ses bras, au grand jour et sans honte. Les ardeurs de l'amour ne viennent pas s'éteindre sur une chair molle et sans résistance ; les corps se résistent mutuellement et luttent entre eux de volupté. Les baisers n'ont pas l'apprêt de ceux de la femme ; leur art menteur ne prépare point sur les lèvres une fade déception : l'enfant embrasse comme il sait ; ce sont des baisers sans artifice, mais ce sont ceux de la nature. L'image des embrassements

de l'enfant, c'est le nectar devenu solide, se substituant aux lèvres, donnant et recevant les baisers. Pour l'amant, point de satiété ; il a beau puiser à la coupe, toujours il a soif de baiser encore ; il ne saurait retirer sa bouche jusqu'à ce que l'excès même de la volupté le force à quitter les lèvres.

Achille Tatius.

Leucippe et Clitophon (III, 37 et 38).

(Traduction Ch. Zévort.)

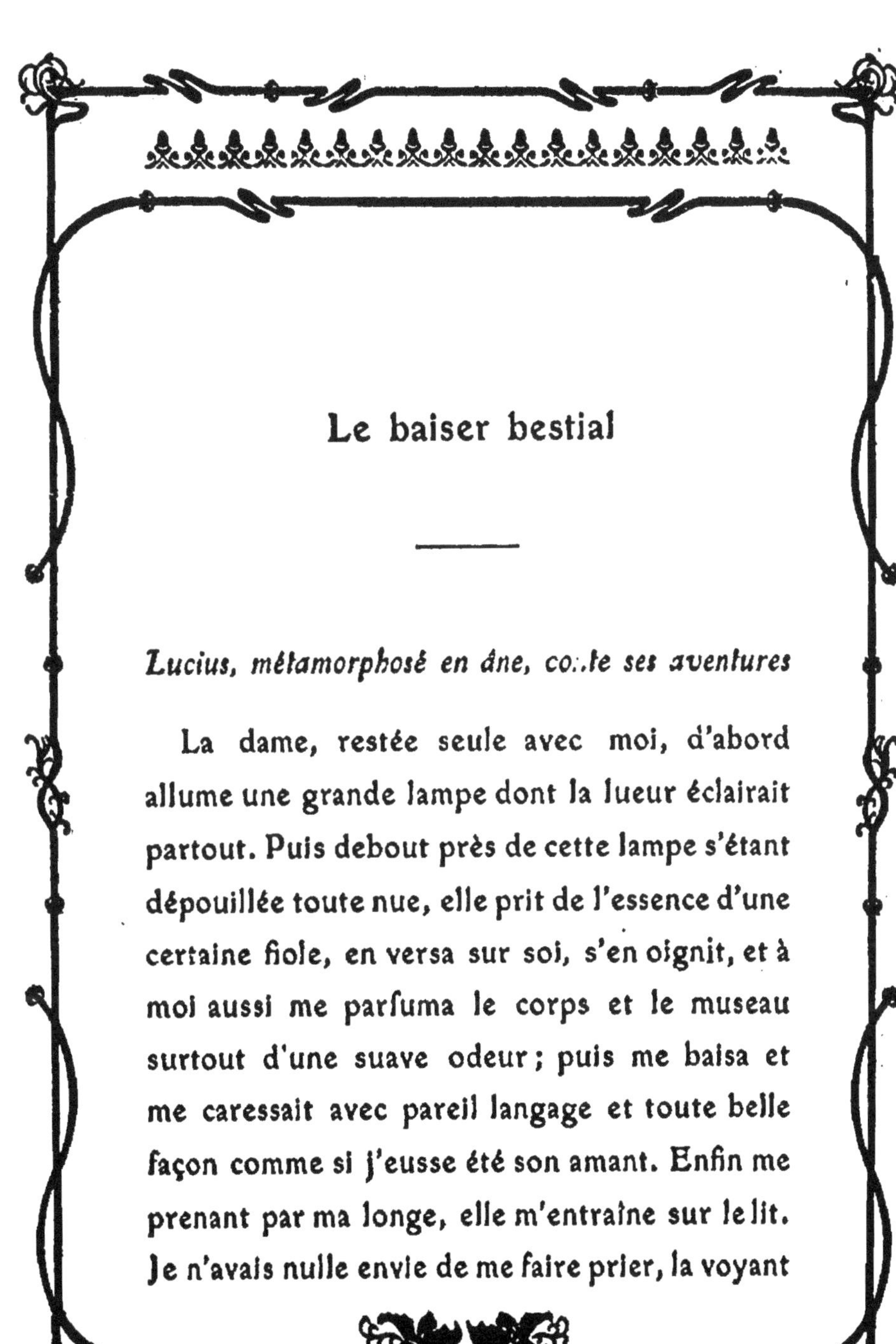

Le baiser bestial

Lucius, métamorphosé en âne, conte ses aventures

La dame, restée seule avec moi, d'abord allume une grande lampe dont la lueur éclairait partout. Puis debout près de cette lampe s'étant dépouillée toute nue, elle prit de l'essence d'une certaine fiole, en versa sur soi, s'en oignit, et à moi aussi me parfuma le corps et le museau surtout d'une suave odeur; puis me baisa et me caressait avec pareil langage et toute belle façon comme si j'eusse été son amant. Enfin me prenant par ma longe, elle m'entraîne sur le lit. Je n'avais nulle envie de me faire prier, la voyant belle de tout point, avec ce que la bonne chère, et le vin vieux que je venais de boire, me rendaient assez disposé à la satisfaire ; mais je ne savais comment m'y prendre, n'ayant touché femelle depuis ma métamorphose. Une chose encore me troublait ; j'avais peur de la déchirer, vu la disproportion qui existait entre nous deux. Mais l'expérience me fit voir que je m'abusais, car emportée par ses désirs, elle s'étendit sous moi comme sous un homme et de ses bras, me tirant à soi et se soulevant du corps, me mit dedans tout entier. Moi pauvre, je craignais encore et me retirais bellement pour la ménager. Mais elle, tant plus je reculais, tant plus me serrait et s'enferrait de tout ce que je lui dérobais. A la fin donc pour lui complaire (aussi que je pensais valoir bien, tout âne que j'étais, l'amant de Pasiphaé), la voulant servir à gré, je fus ébahi que je me trouvai petitement outillé pour la demoiselle, et

connus que j'avais eu tort d'y faire tant de façons. J'eus assez affaire toute la nuit à la contenter, tant elle était amoureuse et infatigable au déduit.

LUCIEN.

La Luciade ou l'Ane
(traduction de Paul-Louis Courier).

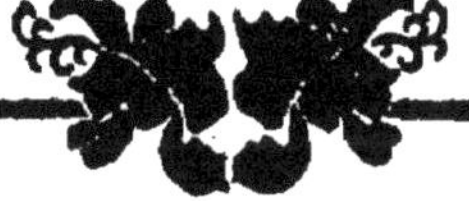

Table des Matières

ANTHOLOGIE :

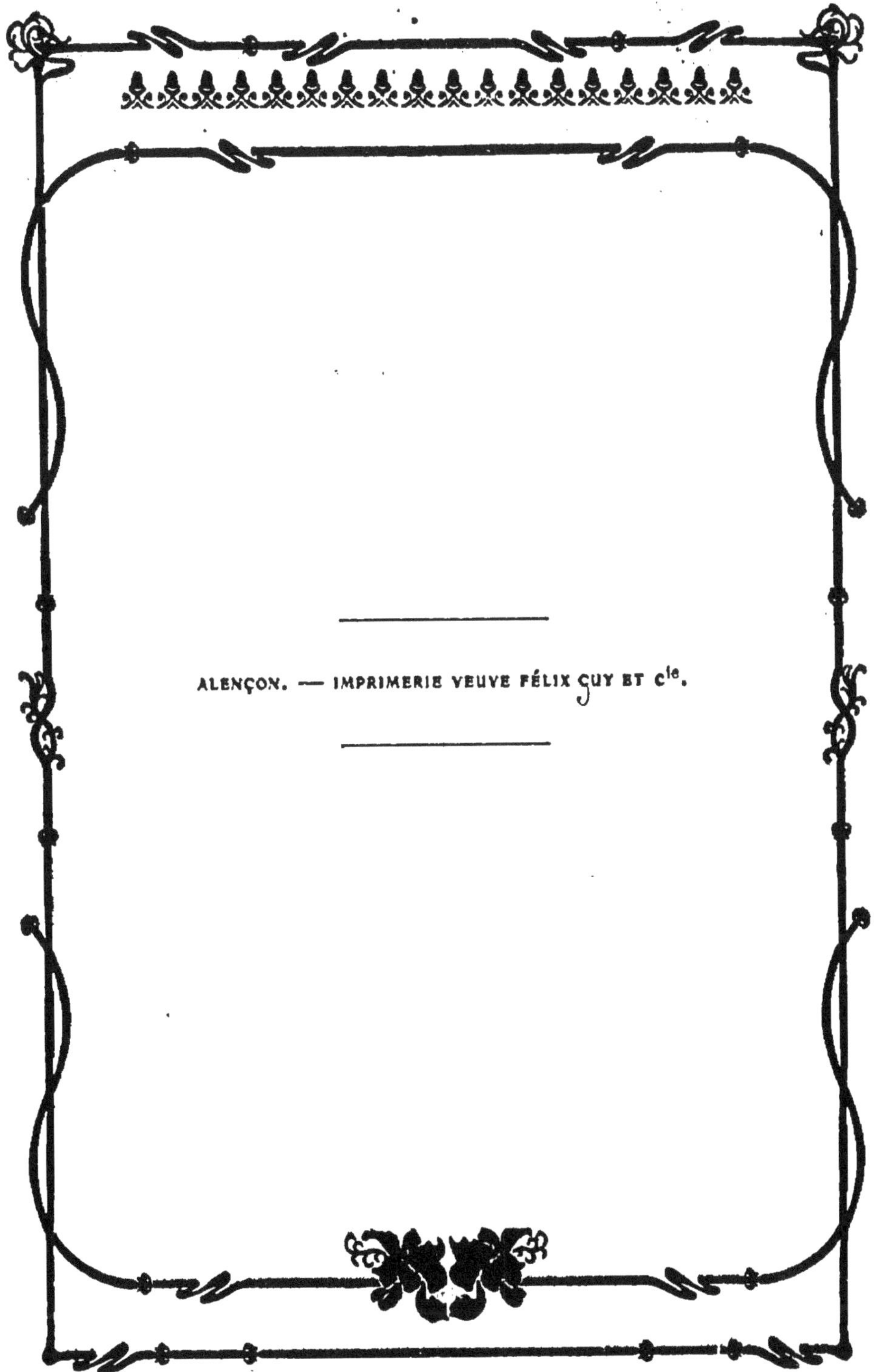

ALENÇON. — IMPRIMERIE VEUVE FÉLIX GUY ET Cie.

www.ingramcontent.com/pod-product-compliance
Ingram Content Group UK Ltd.
Pitfield, Milton Keynes, MK11 3LW, UK
UKHW020455200726
13857UKWH00002B/722